이 책을 함께 만든 잇콘 독자에디터들의 소감

잇콘 독자에디터는 본 책의 초안을 검토하고, 편집 아이디어를 제공하고, 오탈자를 확인하는 등 독자의 눈높이에 맞는 책을 만들 수 있도록 많은 도움을 주셨습니다. 바쁜 시간을 쪼개어 참여해주신 독자에디터 12기 여러분께 깊은 감사를 드립니다.(닉네임 가나다순)

집 앞 무인 아이스크림 가게에 초등학생들이 가득하다. 책을 읽고 나니 이유를 알겠다. 가맹비용 없이 부업으로 셀프 오픈할 수 있을 정도의 생생한 비결이 담긴 책. - 더블유와이랑

주변에 무인 아이스크림 가게가 하나둘 보이더니 이제는 과일, 고기, 문구까지 점포 종류가 다양해지고 있다. 무인이니 인건비는 안 들겠구나라는 생각과 함께 어떤 준비가 필요한지, 수익률은 얼마나 되는지 궁금했었다. 마땅히 물어볼 곳이 없었는데 그 궁금증을 시원하게 풀어주는 책이 나왔다. - 라니

소자본 무인창업 특히 무인 아이스크림 할인점 창업에 대한 전반적인 과정을 쉽게 이해할 수 있었습니다. 저자가 경험을 통해 체득한 노하우와 꿀팁은 그 어디에서도 들을 수 없는 소중하고 값진 이야기입니다. 해보지 않은 일에 대한 두려움을 극복하고 일단 실행해봐야겠다는 용기를 전해주셔서 감사합니다. - 럭키파크

무인창업에 대해 아무것도 모르는 직장인이 당장 창업하고 싶게 만드는 책. 부업으로 무인창업을 해야 하는 이유, 장점과 단점, 준비와 과정까지 완벽한 무인창업 교과서. 지금 상가 둘러보러 갑니다! - 미로나

무인창업에 대한 관심이 높은 시기에 꼭 필요한 책이 드디어 나왔습니다. 사례를 통한 입지분석부터 셀프오픈시 필요한 유용한 팁 그리고 매장관리 노하우까지 예비 무인창업자분들의 필독서입니다. - 민담파파

"무인창업 오픈 전 체크리스트" 마침 무인점포 오픈을 준비하면서 읽게 되었는데 무엇을 준비하고, 어떻게 운영해야 하는지 모든 노하우를 녹여낸 책이어서 많은 도움이 되었다. - 부대손손

실제 무인창업을 하고자 하는 사람에게 실질적인 도움이 될 것 같아요. 객관적 자료와 인터뷰도 흥미롭고 좋았어요. 또한 점포 외로 수입을 올릴 수 있는 도구들 소개도 참 좋아요. - 부자복녀

지금까지 이런 책은 없었다! 그대로 따라만 하다 보면 어느새 무인점포를 하나 오픈할 수 있도록 노하우를 대방출한 책이에요. 무인점포 창업을 준비하는 분들의 필독서로 손색이 없네요. - 소니도로

책을 읽으면서 무인창업의 매력뿐만 아니라 작가의 매력에 빠지게 되었습니다! 창업 시작부터 홍보, 관리까지 모든 꿀팁이 너무 유용해요! 실전 경험을 통해 아낌없이 퍼주는 무인창업 성공 비결! 따라하지 않을 이유가 없네요! - 슈퍼엄마

무인창업을 생각한다면 무조건 이 책을 먼저 일독하기를 권합니다. 문외한인 저조차도 집중해서 읽을 수 있을 정도로 친절하고 쉽게 설명된 책입니다! - 예슬

'나 대신 돈을 벌어다 주는 존재가 있다면?' 상상만 해도 즐거운 이 기분을 현실에서 느끼고 싶다면 읽어보세요. 이 책을 읽고 나니 길에서 마주치는 무인점포들이 달리 보입니다. - 오로시

이 책을 통해 레드오션이라고 생각했었던 무인창업으로 부수입을 충분히 얻을 수 있다는 희망을 가질 수 있었습니다. 부수입을 얻고 싶은 분들이나 사업을 계획중이신 분들에게 적극 추천합니다. – 인온파파

평생 직장인은 없다! N잡러를 꿈꾸는가? 소자본 무인창업부터 시작하라. 이 책이 당신을 무인창업 길의 내비게이션이 되어 줄 것이다. – 집밖강선생

내 연봉 빼고 다 오르는 요즘, 무인창업으로 한 푼이라도 더 벌어볼까? 하고 생각해본 직장인이 나뿐만은 아닐 것이다. 어디서부터 시작해야 할지 막막할 때, 이 책이 좋은 지침서가 될 것이다. – 찡대리

막연하게만 생각했던 무인창업. 이 책을 읽었더니 나도 할 수 있겠다는 확신이 들면서 시행착오를 줄일 수 있겠구나라는 생각이 들었어요. – 최송희

말 그대로 무인점포 창업의 모든 것을 알려주는 책입니다. 평소에 궁금했던 점부터 미처 생각하지 못한 부분까지 시원하게 오픈해주셨어요. 이 한 권으로 창업 준비 끝이에요. – 함다

돈되는
소자본
무인창업

돈되는 소자본 무인창업

초판1쇄 발행   2023년 1월 13일

지은이	김광일
감 수	김주식

펴낸 곳	잇 콘
발행인	록 산
편 집	홍민지
디자인	얼앤똘비악
마케팅	프랭크, 릴리제이, 감성 홍피디, 호예든
경영지원	유정은
등 록	2019년 2월 7일 제25100-2019-000022호
주 소	경기도 용인시 기흥구 동백중앙로 191
팩 스	02-6919-1886

ⓒ 김광일, 2023

ISBN 979-11-90877-68-8 13320
값   18,000원

● 이 책은 저작권법으로 보호받는 저작물로 무단전재 및 무단복제를 금합니다.
● 이 책의 전부 혹은 일부를 인용하려면 저작권자와 출판사의 동의를 받아야 합니다.
● 잘못된 책은 구입처에서 바꿔드립니다.
● 문의는 카카오채널 '잇콘'으로 부탁드립니다.(카카오톡에서 '잇콘' 검색, 평일 오전 10시 ~ 오후 5시)

돈 되는 소자본 무인창업

김광일 지음

잇콘

프롤로그

無수저가 수저를 만드는 법

돈에 파이프를 꽂아라! 안 되면 빨대라도 꽂아라!

진심이다. 할까 말까 망설이지 말고 한번 해봐라. 먹어봐야 안다. '똥인지 된장인지' 구분하려다 기회는 지나가고 유한한 당신의 인생도 지나간다.

돈을 벌 기회도 마찬가지다. 필자와 연령대가 비슷한 독자라면 (어~ 하다가 어느덧 마흔이 되었다. 이런 젠장) 대부분 직장이라는 조직에 속해있을 것이다. 무탈하게 직장생활을 하면서도 마음 한편에는 '이 회사가 앞으로 내 인생을 책임져 줄 것인가', '과연 정년을 보장해 줄 것인가', '언제까지 이곳에서 일을 할 수 있을까'라는 불안감이 자리 잡고 있지는 않은가? 빠르면 30대 초중반부터 이런 고민을 하기 시작했을지도 모른다. 아마도 모두 비슷한 생각 끝에 이 책을 집어들었을 것이다. 이해한다. 나 역시도 그런 생각을 했으니 말이다.

백세시대, 앞으로 수명은 더 늘어난다는데 월급에만 의존하기에는 제한 사항이 여간 많은 게 아니다. 매일 쳇바퀴처럼 반복되는 업무에 대한 지겨움, 실적 압박, 무섭게 치고 올라오는 후배들, '라떼'를 외치는 상사의 이해할 수 없는 지시가 매일 우리를 괴롭히니 말이다.

정년을 무사히(?) 채우고 퇴직한다고 해도, 앞으로 40~50년 이상을 기존에 벌어놓은 것으로 먹고살아야 하는 우리는 지금부터 당장 자립을 위한 준비운동을 시작해야 한다.

돈을 벌 수 있는 방법은 다양하지만 직장 생활을 하고 있는 상황에서는 선택의 폭이 그리 넓지 않다. 하지만 직장을 다니면서도 충분히 준비하고 능력치를 올릴 수 있다. 이 책에서 제안하는 방법대로 하면 말이다.

필자는 회사를 다니면서 생기는 잉여시간(아침저녁 그리고 주말)이 아깝다는 생각을 자주 했고 그 시간을 활용해서 추가 수입을 얻을 수 있는 방법이 무엇일지 계속 고민했다. 수많은 사업 아이템을 고려해봤고 프랜차이즈 상담도 꽤 많이 받아봤다.

하지만 노동과 시간을 너무 많이 투입해야 하는 아이템이 대부분이었다. 남는 시간에 부수입을 만들기 위한 방법을 모색 중이었

프롤로그

는데 오히려 회사를 그만두어야 사업을 시작할 수 있어보였고 본업을 포기하기에는 위험이 너무 크다고 느꼈다.

그러다 어느 순간 눈에 들어온 것이 무인 아이스크림 할인점이었다. 관심이 생겨 여러 방면으로 알아보니 이 아이템이라면 본업을 유지하면서 충분히 운영할 수 있겠다는 확신이 생겼다. 진입장벽이 낮아 빠르게 시작할 수 있으면서 상대적으로 관리부담이 적다는 이유도 있었고 사람을 고용하지 않아도 되기 때문에 인건비 절감도 되면서, 인간관계에서 오는 스트레스도 없다는 점이 아주 매력적으로 느껴졌다.

이 책에서 소개할 무인 아이템들은 사람 대신 주문을 받아주고 결제를 해주는 '키오스크kiosk'라는 기계가 도입되면서부터 다양해졌다고 해도 과언이 아니다. 키오스크의 도입과 더불어 무인점포가 폭발적으로 증가한 배경에는 최저임금 상승, 코로나 사태로 인한 비대면의 일상화가 있다.

지금까지 수많은 무인 아이템이 등장했고 앞으로 더 다양해질 것이다. 흐름은 막을 수 없다. 이 흐름 안에서 우리에게 필요한 것은 트렌드를 읽어내는 분석력과 소비자에게 '먹힐' 아이템을 선정하는 안목이다.

우리의 목표는 밤잠을 안 자고 대신 돈을 벌어다 주는 분신 같은 존재를 만드는 것이다. 그래야 우리의 제2의 인생과 노년을 든든하게 받쳐주는 MP머니파이프라인 혹은 머니파트너가 마련될 것이다.

이 책에서 제시하는 가이드를 기반으로 당신만의 생각을 곁들여 온전히 자신의 것으로 만들어라. 그리고 제발 행동하라. 장담컨대 편안함만을 추구한다면 당신의 노후는 그리 편안하지 못할 것이다.

책에 나오는 내용은 모두 필자의 주관적인 의견임을 밝힌다. 아울러 검색만 하면 나올 수 있는 단순한 지식들은 생략하거나 아주 간략하게 언급만 하고 넘어가겠다. 손가락 터치 몇 번으로는 절대 알 수 없는 지식을 전달해 주는 것이 바로 책 아니겠는가?

2022년 겨울
무인 스터디카페에서
김광일

돈되는 소자본 무인창업

CONTENTS

프롤로그 無수저가 수저를 만드는 법 - 4

PART 1
왜 무인창업인가

무인창업이 매력적인 이유 - 15
무인창업의 장점 - 19
무인창업의 단점 - 27
그래도 무인창업을 해야 하는 이유 - 38
INSIGHT 실제 매장 운영중인 점주 인터뷰 - 44

PART 2
'먹히는' 아이템을 선정하라

요즘 무인 아이템들 - 51
무인창업 아이템 선정의 원칙 - 55
미래가 기대되는 무인 아이템들 - 61
INSIGHT 투자시간과 투자비용에 따른 아이템 선택 - 65

PART 3

'통하는' 자리를 선점하라

입지의 중요성 - 71
'통하는' 입지의 특징 - 73
유망한 특수상권 소개 - 95
상가 계약하기 - 101
INSIGHT 경매로 상가 마련하기 - 104

PART 4

'하나뿐인' 나만의 점포를 준비하라

나만의 브랜드로 점포 오픈하기 - 109
상호 및 로고 선정 - 111
점포 컨셉 결정 - 115
인테리어 - 119
결제 시스템 및 각종 설비 도입 - 131
판매 상품 준비 - 137
보안 시스템 구축 - 143
스마트한 점포 만들기 - 146
기타 준비들 - 148
INSIGHT 점포 외 부수입 도구 - 151

PART 5
'효과적인' 홍보와 '철저한' 관리로 점포를 성장시켜라

효과적인 홍보와 철저한 관리 - 157
우리 점포 알리기 - 159
점포 관리 - 165
내 점포 지키고 키우기 - 172
INSIGHT 프랜차이즈 무인창업 VS 개인 브랜드 무인창업 - 178

PART 6
무인점포의 현재 그리고 미래

진화하는 무인 산업 - 183
무인점포의 현황 - 185
엑시트 전략 - 193
INSIGHT 부동산 투자로서의 무인점포 - 200

에필로그 평범한 98%에서 행동하는 2%로 - 202

PART 1

왜 무인창업인가

무인창업이
매력적인 이유

　필자가 회사에서 받는 연봉은 대기업 과장급 이상으로, 결코 적다고 할 수 없다. 그런데 현재 그 연봉보다 더 많은 수입이 부업으로 운영하는 무인점포에서 나오고 있다. 연봉보다 큰 부업 수익이라니 상당히 매력적이지 않은가?

　물론 점포를 한두 개 운영할 때에는 한달 수입이 월급보다는 적었지만 점포가 세 개로 늘면서 크게 역전되었다. 점포마다 2,500만 원 정도를 투자하였고 하루에 한 시간이 좀 안 되게 관리하는데 각 점포에서 안정적으로 월평균 200만 원씩 수익이 생기니 부업으로 이만한 아이템은 없으리라 확신한다. 여기서 말하는 수익은 매출 기준이 아닌 모든 비용을 제외하고 남은 '순수익'을 의미한다.

무인점포는 상대적으로 적은 시간과 노력을 들여 돈을 벌 수 있다. 그것도 확실히 벌 수 있다. 냉정하게 생각해보자. 본업 외에 추가로 돈을 벌 수단이 얼마나 있을까?

당신은 혹시 장사의 기술이 있는가? 특별한 전문기술이 있는가? 모두가 주목할 만한 아이디어가 있는가? 그것도 아니라면 주식이나 부동산 투자 기술이 있는가? 투자를 한다면 수익이 날 때까지 일시적인 하락을 참고 견딜 수 있거나 과감히 손절할 용기는 있는가?

생각건대, 위 질문에 자신있게 "예스!"를 외칠 수 있는 사람은 많지 않을 것이다. 만약 위 조건에 완벽히 부합하는 사람이라 하더라도, 아직 소위 말하는 성공의 단맛을 보지 못했을 확률이 높다. 그렇지 않으면 지금 이 책을 보고 있을 리 없으니까.

2,000만 원으로 가능한 가장 현실적인 부업

아직 성공하지 못한 데는 여러 이유가 있겠지만 가장 큰 원인은 실행력 부족일 것이다. 제대로 발을 푹 담가 볼 생각은 안 하고 간만 보다가 끝내는 경우가 대부분이다. 많은 사람들은 좋아 보이는 것도 선뜻 손을 내밀어 만져보지 않는다. 경계를 하느라 시간을 소비하다 타이밍을 놓친다. 작은 일이라도 일단 실행해야 작은 성공이라도 맛볼 수 있다. 그것이 인생이고, 경험이라고 생각한다.

백세시대가 도래함에 따라 은퇴 후의 긴 삶이 우리를 기다리고 있다. 그때를 대비하기 위해 현금이 자동으로 나오는 '파이프라인 pipeline'을 만들어야 한다는 이야기를 주위에서 심심찮게 들었을 것이다. 그 파이프라인을 지금부터 만들기 시작해야 한다.

요즘 50대, 60대에게 은퇴 후 무엇을 할 거냐고 물으면 "프랜차이즈나 하지 뭐"라고 대답하는 경우가 많다. 하지만 프랜차이즈도 내공이 있는 사람이 잘한다. 물론 운이 좋아서, 자본이 많아서, 좋은 위치에 점포를 내서 제법 많은 수익을 얻는 사람도 있다. 하지만 아쉽게도 그게 우리 이야기가 될 확률은 낮다. 그러니 이런 상황은 배제하자. 요행을 바라면 오래가지 못하고 힘만 빠진다.

우리는 지금부터 작은 성공의 경험을 쌓아야 한다. 그래야 성공으로 향하는 첫 단추를 끼울 수 있다. 파이프라인을 만든다는 관점에서 작은 성공의 경험을 쌓기에는 무인창업만 한 것이 없다고 생각한다. 2,000만 원 대의 소자본 창업이 가능한 데다 상권을 정확히 분석하면 손해 볼 확률은 제로에 가까워지기 때문이다.

적은 자본금, 낮은 실패 확률, 장사 경험의 축적 그리고 수익 창출까지. 하지 않을 이유가 없다고 자신있게 말하고 싶다. 충분히 준비하고 도전한다면 분명 좋은 결과가 있으리라 확신한다.

확률은 낮지만 실패할 가능성도 물론 있다. 하지만 들어가는 자본이 적으니 실패의 후유증도 다른 사업에 비해 적을 것이다. 실패

PART 1. 왜 무인창업인가

는 반드시 교훈과 함께 다닌다는 것을 명심하자. 목표 수익률에 도달하지 못한다 해도 주저앉지 말자. 그 과정에서 돈으로 살 수 없는 수많은 것들을 배울 테니까.

무인창업의 장점

필자는 2022년까지 열 개가 넘는 무인점포를 오픈하였으며, 그 중 세 개는 직접 운영중이고 나머지는 지인이 운영하고 있다. 처음에는 하나였던 직영 점포를 세 개까지 늘릴 수 있었던 이유는 지금부터 소개할 무인창업의 다양한 장점들 때문이다.

본업 사수

필자는 약 2년 동안 직장생활과 무인점포 운영을 병행하며 점포를 하나씩 늘렸다. 사업을 시작했으니 월급은 포기하겠다고 생각할 만큼 과감하고 화끈한 성격은 아니었던 것 같다. 무인창업의 가장 큰 매력은 이렇게 본업을 지키면서 부업까지 안정적으로 유지할 수 있다는 점이다. 하루에 한 시간 정도만 점포에 들러 관리를 하면 충분하기 때문이다.

통장 잔고가 늘어나는 것은 세상 모든 사람의 바람일 것이다. 그래서 때로는 본업을 포기하고 돈이 될 것 같은 사업에 과감하게 뛰어드는 사람들이 있다. 물론 잘못된 선택이라 할 수는 없지만 수년간 지켜온 본업을 내팽개치고 사업이라는 불구덩이로 뛰어드는 것은 아무래도 커다란 리스크가 존재한다. 따라서 본업은 본업대로, 부업은 부업대로 유지하며 추가 수익을 창출하는 방향이 좋겠다고 판단했다.

부업을 통해 작지만 안정적인 수익을 꾸준히 낼 수 있다면 직장 연봉에 부업 수입이 더해지면서 연봉이 몇 배는 오른 듯한 느낌을 받을 수 있다. 돈이 잠시 스쳐 지나가는 월급 통장보다는 조금씩이라도 돈이 매일 쌓이는 점포 매출 통장을 볼 때마다 기분이 좋아진다.

성격이 완전히 다른 본업과 부업 두 가지 일을 해야 한다는 부담은 있지만 점포 관리 업무는 그리 어려운 일이 아니다. 지금

> **작가의 꿀팁**
>
> 점포를 오픈한다면, 절대 점포 매출 관리용 통장과 기존에 사용하던 입출금 통장을 섞어서 쓰지 마라.
> 정확한 수익을 계산하기도 힘들고, 개인 통장에 돈이 있으면 쓰는 습관 때문에 잔고가 쌓이는 모습을 보기가 힘들기 때문이다.

모습에서 1%만 바꿔어도 충분하다.

또한, 점포 관리를 위한 시간을 반드시 정해두지 않아도 된다. 권장하는 시간대는 있지만 시간을 비교적 유동적으로 사용할 수 있다. 필자의 경우 출근하는 길에 점포에 들렀는데, 아침에 컨디션이 좋지 않거나 조기 출근해야 하는 경우에는 저녁에 들르기도 했다. 정 바쁘면 계산대 정리만 빠르게 하고 5분도 안 되어 점포를 떠날 때도 있었다.

주말에 일정이 생기거나 여행, 휴가 등으로 점포를 며칠 비우는 경우가 생기기도 한다. 이럴 땐 상품을 꽉 채워두고 각종 소모품도 넉넉히 채워두는 식으로 대비했다. 아주 간단한 일은 지인에게 부탁하는 경우도 있었다.

직장생활을 병행하며 점포를 관리하기란 상당히 부담스러운 일이다. 그러나 무인점포는 하루 한 시간 가량의 시간만 있으면 본업을 사수하면서 꾸준히 추가 수익을 낼 수 있다는 매우 강력한 장점이 있다.

소자본 창업

'창업'하면 대표적으로 떠오르는 아이템은 편의점과 치킨집이다. 이 두 아이템의 창업비용은 임대 보증금과 권리금 포함 평균 1~2

억 원 선이다. 부수입을 위한 투자금으로 생각하기에는 부담스러운 금액일 뿐만 아니라 직장생활과 병행하기도 어려운 사업 아이템이다.

한편 무인점포의 창업비는 임대 보증금과 권리금을 포함해도 4,000~5,000만 원 정도이고 이걸 제외하면 2,000만 원대 금액으로도 시작할 수 있다.

점포를 운영하는 형태의 창업 중에 무인창업보다 투자금이 적게 들어가는 경우는 없다. 10평 공간의 무인 아이스크림 할인점 기준 임대 보증금과 권리금을 제외하고 인테리어, 상품, 간판, 조명, 전기 공사, 집기류 등을 전부 포함해도 2,000만 원 초중반이면 충분하다.

간혹 프랜차이즈 업체를 통해 창업비용을 조사하다 보면 이보다 더 저렴한 금액도 찾아볼 수 있다. 공식 홈페이지 기준 1,000만 원 초반이면 오픈할 수 있다고 광고하는 곳도 있다.

다만 주의해야 할 것은 철저한 검증이 필요하다는 것이다. 각종 집기와 상품 구입비만 해도 600~700만 원에 달하는데 전기 공사, 조명 공사, 간판 설치, 진열대 구매, 냉장고 구매, 키오스크, 계산대 등을 1,000만 원대에 맞추려면 도대체 어떻게 해야 하는 지 열 군데가 넘는 점포를 직접 오픈해 본 입장에서는 이해하기가 어렵다. 따라서 프랜차이즈 업체를 통해 창업하게 되더라도 철저히 공부를 해야 뒷통수를 후려 맞는 일이 없지 않을까 싶다.

돈되는 소자본 무인창업

필자가 운영하는 브랜드는 간판과 조명에 신경을 많이 쓰다 보니 창업비용이 조금 높은 축에 속한다 해당 파트에서 다시 언급하겠지만 무인점포는 타 점포와 차별화하기가 상당히 어렵다. 어느 점포에 가나 아이스크림 종류와 맛은 똑같기 때문에 상품으로 차별화를 하는 것은 사실상 불가능하다. 따라서 현시점에서 생각할 수 있는 가장 효과적인 방법은 다른 점포보다 예쁘고 깔끔하게 운영하는 데에서 큰 차이를 벌이는 것이다. 비용이 좀 들더라도 간판과 조명을 개성있고 예쁘게 할 필요가 있다.

이 점을 감안해도 2,000만 원 초중반 정도의 소자본으로 창업이 가능하고 비용을 줄일 만한 여러 방법을 모색하면 금액을 더 줄일 수도 있다. 단, 여기서 언급한 2,000만 원대의 비용에는 상가 임대 보증금은 포함되어 있지 않다.

작가의 꿀팁

투자비용에 대한 손익분기점까지 어느 정도의 시간이 걸리는가에 대한 질문을 많이 받는다. 점포마다 매출과 투자비용이 조금씩 다르기 때문에 차이는 있지만, 평균 1년 반 정도가 걸린다.

보증금은 지역, 상권마다 차이가 크기 때문에 일반화해서 이야기하기 어렵다. 게다가 추후 돌려받는 개념이니 창업비용에서는 제외하였다. 또한, 상가에 따라 에어컨이 설치되어 있지 않거나 전기 증설이 필요한 경우 그에 따른 비용으로 인해 차이가 생길 수 있다는 점도 미리 밝혀둔다.

'하이 리스크, 하이 리턴high risk, high return'을 외치며 한방을 꿈꾸

다가는 한방에 나가떨어질 수 있다. '로우 리스크, 로우 리턴low risk, low return'을 추구하자. 조금씩라도 꾸준히, 확실하게 벌자.

인건비 절약

무인창업의 장점에 대해 이야기할 때 절대 빠트릴 수 없는 주제가 바로 '인건비'다.

머지않아 최저 시급이 만 원을 돌파할 것이고 인건비는 앞으로 계속 상승할 것이다. 아르바이트 직원을 한 명만 고용해도 주 40시간 근무 기준 최저 시급으로 계산하면 주휴수당을 포함하여 매달 200만 원 가까이 줘야 하고, 정규직으로 고용하면 4대 보험이 포함되어 더욱 부담스러운 금액이 된다. 이렇게 인건비를 많이 지출하면 결국 남는 게 없다. 어떤 창업을 하든 고정비에 해당하는 인건비를 줄일 수 있다면 수익률에 큰 도움이 된다.

사실 정확히 말하면 무인창업은 직원 고용으로 인한 인건비가 안 들어갈 뿐이지 점주의 시간과 노력이 들어간다. 편의점이나 치킨집 등 대부분의 창업 아이템은 점주가 직접 전일제로 일을 해야 수익이 나오는 구조다. 그렇지 않으면 마이너스거나 수익이 나지 않는 경우도 꽤 된다.

이런 측면에서 비교해보면 투자금이 적게 들고 투입 시간이 짧은 무인점포는 부담없이 도전해볼 만한 아이템이다. 인건비 부담이 줄어들면서 생기는 수익률 상승은 무인창업의 최대 장점이다.

우리가 받는 스트레스는 대부분 인간관계에서 오지 않는가? 직장이 아니라 내 사업을 한다고 해도 직원을 고용해야 한다면 관계에서 오는 스트레스에서 완전히 벗어나기는 어렵다. 사장이 바라는 만큼 일하는 직원은 세상에 없다. 직원은 사장이 아니기 때문이다. 월급을 주는 사장의 마음과 월급을 받는 직원의 마음은 아주 약간이라도 차이가 있을 수밖에 없다.

사장은 직원이 조금이라도 점포를 위해 신경 써주기를 바란다. 당연하다. 하지만 직원에게는 당연하지 않다. 서로 다른 생각을 가진 두 존재가 한 공간에 머무르기 때문에 문제는 해결되지 않는다.

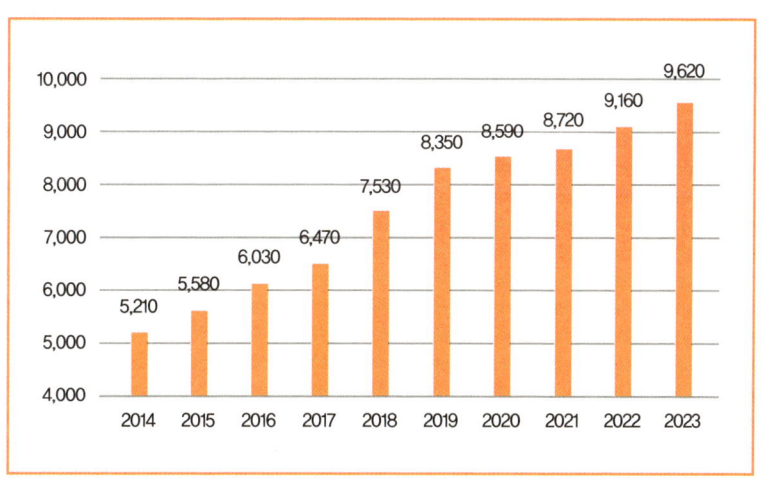

최저시급 변화추이

(단위 : 원)

PART 1. 왜 무인창업인가

유일한 해결방안은 사장 혼자 모든 업무 처리를 다 하는 것인데, 그럴 경우 많은 부분을 놓칠 수 있고 매출도 한계에 다다를 것이다. 그 결과 목표한 만큼 돈을 벌지 못할 것이고 스트레스는 더 커져만 갈 것이다.

왜 스트레스를 받는가? 유한한 인생을 즐기기만 해도 시간이 모자란 데 말이다. 스트레스받지 말자. 무인점포로 시스템을 만들자. 원리를 파악하고 요령이 생기면 혼자서 점포 열 개까지도 관리할 수 있다. 그럼 줄 서서 먹는 맛집 매출을 부러워하지 않아도 된다.

대신, 점주인 당신이 잘해야 한다. 점포에서 오로지 혼자만 잘하면 되기 때문에 부정적인 결과가 나오더라도 자신의 성적표라고 생각하고 받아들이며 개선해 나가야 한다.

무인창업의
단점

장점만 있는 사업은 세상에 존재하지 않는다. 무인점포 창업에도 단점은 존재한다. 기술이 발전되면서 점차 보완되겠지만, 다른 점포와 차별화가 어렵고 도난과 같은 문제 상황에서 완전히 벗어나기 힘들다는 점과 같이 보완이 필요한 과제가 많이 남아있다. 하지만 시작을 망설이게 할 만큼 치명적인 단점은 현재까지 없기 때문에 무인창업의 전망은 여전히 밝다.

장점이 많고 안정적인 무인창업이 가진 불가피한 단점에는 무엇이 있을까? 지금부터 상세히 살펴보자.

차별화의 어려움

지금까지 방문했던 무인점포 중에서 한 번이라도 '와, 여긴 다른 곳이랑 좀 다르네'라는 느낌을 받아 본 적이 있는가? 아마 없거나, 있더라도 다섯 손가락 안에 꼽을 것이다.

무인점포는 동일한 아이템을 판매하는 타 점포와의 차별화가 굉장히 어렵다. 어느 점포에 가도 다 비슷해 보인다. 심지어 아이템이 다른데도 비슷한 느낌이 드는 경우도 있다.

무인 아이스크림 할인점을 예로 들면, 다른 곳에는 없는 특별한 아이스크림을 파는 곳은 존재하지 않는다. 대형마트나 편의점에서도 동일하게 판매되고 있는 아이스크림을 대량으로 가져다 놓고 약간 저렴하게 판매하는 게 전부다.

편의점은 그나마 좀 다르다. 무인 아이스크림 할인점에서는 판매하지 않는 특이한 상품들이 있는데, 이 상품들은 편의점 전용 상품으로 출시되었기 때문에 일반 점포에는 공급되지 않는다.

무인점포 업계가 활성화된 지 오래되지 않다 보니 같은 업종끼리 뭉치기보다는 개별적으로 살아가기 바쁜 듯하다. 그러니 바잉 파워buying power*가 있어도 한목소리를 내지 못하고 전용 상품 출시와 같은 차별화를 이뤄내지 못하는 것이다.

* 대형 소매업 또는 기업 간의 거래에서, 거래액이 커 거래상 우위에 있는 기업의 구매력을 의미함

제품으로 차별화하기 어렵다 보니 외부, 내부 인테리어에 집중하는 곳이 간간이 생겨나고 있다. 필자도 친근한 브랜드 이미지와 눈에 띄는 간판, 내부 조명에 집중하여 차별화를 시도했다. 외부에는 우리 점포가 눈에 잘 띄도록 밝은 노란색 간판을 설치했고, 내부에는 친근하고 따뜻함을 강조한 브랜드 이미지에 어울리도록 전구색 라인 조명을 설치하였다.

또한, 빵과 밀키트, 생필품 등을 판매하여 제품 다양성을 갖췄다. 밀키트는 일반 밀키트 전문점과는 달리 냉동 밀키트만 취급하고 있다. 냉장 밀키트는 제품 특성상 유통기한이 짧기 때문에 판매기한이 임박한 상품이나 재고를 관리하기가 어렵다. 따라서 유통기한이 최소 6개월에서 1년 정도 되는 냉동 제품만 취급하여 쉽게 관리할 수 있도록 했다.

PART 1. 왜 무인창업인가

이처럼 차별화를 위해 다양한 방법을 궁리하고 있지만 그럼에도 차별화는 쉽지 않다. 진열된 물건을 고객이 스스로 결제한다는 특징 외에 무인점포가 보여줄 수 있는 특별함이 무엇일지 끊임없이 고민하는 일은, 무인창업 1세대가 안고 가야 할 성장통이 아닐까 생각해 본다.

도난에 대한 우려

로스loss는 아마 무인창업을 준비하는 분들이 가장 걱정하는 부분일 것이다. 잊을 만하면 뉴스에 무인점포 절도 사건이 보도되기도 하고 실제로 무인점포를 운영하다 보면 누군가 물건을 훔쳐 가거나 계산을 덜 하는 등의 일이 종종 발생하기도 한다. 그런데 잘 생각해보면 주인이 종일 지키고 있는 동네 슈퍼에서도 누군가 물건을 훔쳐 가고 실수로 인해 계산이 덜 되는 일은 발생한다.

로스는 유인점포와 무인점포를 가리지 않고 발생한다. 무인이기 때문에 절도에 대한 심리적 문턱이 낮을지 모르겠으나 빈도의 차이만 있을 뿐이다.

그렇다면 생각해보자. 사람이 있든 없든 로스는 필연적으로 발생한다면, 그것을 막기 위해 인건비를 들이는 것과 약간의 로스를 감내하는 것 중 어느 쪽이 유리하겠는가?

또한, 로스에 대해 이야기할 때 점포의 위치를 간과해서는 안 된다. 뉴스에 나오는 무인점포 절도사건을 보면 키오스크를 연장으로 뜯어서 내부에 있는 현금을 털어간다거나 대놓고 물건을 쓸어 담아가는 등 큰 사건이 나오는데, 생각해보면 그 정도의 범죄가 일어나는 동안 목격자들은 신고도 하지 않고 방관하고 있었던 걸까? 점포의 위치 자체가 절도 사건이 일어날 확률이 높은 곳이었을 가능성도 완전히 배제할 수는 없다.

열 개가 넘는 필자의 점포에서는 절도 사건이 일어난 적이 단 한 번도 없다. 단순히 운이 좋았다고 할 수도 있지만 애초에 점포를 오픈할 때부터 대단지 아파트의 입구나 오피스텔 상권만을 골라 입점하다 보니 분위기가 어두운 점포가 없다.

어둡고 외진 곳, 공장이 많아서 밤에는 인적이 드문 곳, 불법체류자나 비행청소년이 많은 지역의 상권에서는 그런 사고가 일어날 확률이 상대적으로 높을 수밖에 없다. 상권을 선택할 때 지역 분위기를 충분히 고려하면 로스나 범죄에 대한 걱정은 크게 하지 않아도 된다는 것이 필자의 소견이다.

간혹 소비자도 모르는 로스가 생길 수 있다. 의도치 않게 상품 바코드가 덜 찍히는 경우가 그렇다. 24시간 CCTV를 계속 쳐다볼 수 없는 노릇이기에 이런 경우까지 일일이 확인하기는 어렵다. 집에 가서 물건과 영수증을 대조해보는 사람들은 많지 않기 때문이다.

필자의 점포에서 한번은 이런 일이 있었다. 한 고객이 아이스크림을 구매한 다음 집에 가서 영수증을 확인해보니 자신이 결제한 개수보다 아이스크림을 더 가져갔던 모양이다. 고객은 인터넷 검색으로 점포 연락처를 찾아 필자에게 전화를 걸었고 자신이 실수로 아이스크림 한 개를 더 가져왔으니 아이스크림 값을 입금하겠다는 것이었다. 조용히 그냥 넘겼으면 아무도 몰랐을 일이었는데 말이다. 흔치 않은 사례지만 이런 고객도 분명 존재한다는 점을 강조하고 싶다. 상권을 신중히 잘 선택한다면 로스에 대한 우려는 크게 걱정할 정도는 아니라는 것이다.

고객 접점 형성의 어려움

고객이 누군가의 간섭을 받거나 눈치를 보지 않고 편하게 쇼핑을 할 수 있다는 것은 무인점포가 가진 장점이다. 하지만 작은 동네 슈퍼에서 푸근한 인상의 주인과 나누는 소소한 대화와 작은 서비스는 무인점포가 제공할 수 없는 일상의 소박한 재미일 것이다.

주인이 점포에 상주하면 고객과 대면하는 과정에서 친밀도가 쌓인다. 단골손님이 하나둘 생기면 고정 매출도 기대할 수 있다. 그러나 무인점포는 이런 부분을 기대하기 어렵다.

이를 조금이라도 보완하기 위해 필자는 다음과 같은 방법을 사용했다. 무인점포에는 평균적으로 상품이 일주일에 1~2회 입고되는데 이를 정리하고 진열하는 시간이 제법 걸린다. 이 시간을 최대한 활용하는 것이다.

점포에 머무는 김에 고객들에게 인심을 팍팍 썼다. 먼저 인사도 건네고 부모님 손을 잡고 오는 어린아이에게 적극적인 선물 공세도 펼쳤다. 1,000원 정도의 상품을 골라 선물이라며 건네보자. 아이가 낯선 사람에게 겁을 먹지 않도록 온화한 미소를 장착하는 것도 절대 잊어서는 안 된다. 이 작은 선물이 10배, 100배가 되어 돌아올 것이다.

비대면 시대에 맞는 소통 창구를 활용하는 방법도 있다. 카카오채널은 좋은 방법 중 하나다. 카카오 채널을 개설하여 운영하면 고객이 원하는 상품이나 점포에 바라는 건의사항 등을 실시간으로 들을 수 있고 처리 과정과 결과에 대해 고객과 즉각 소통할 수 있다. 또한, 익명성이 보장되기 때문에 고객이 부담없이 연락할 수 있다는 장점도 있다. 단점을 한계로 받아들이고 안 될 이유를 생각하기보다는 단점을 보완하고, 나아가 강점으로 전환하기 위해 노력하는 것이 더 큰 경쟁력을 확보하는 현명한 방법일 것이다.

문제 상황 발생 시 실시간 대응 불가

무인점포를 운영하다 보면 냉동고에 올라가서 자는 사람, 콘센트에 충전기를 꽂아놓고 하루 종일 시간 때우는 사람, 겨울에는 따뜻하고 여름에는 시원한 점포를 삼삼오오 모임 장소로 이용하는 사람들 등 별의별 특이한 상황을 맞닥뜨리게 된다. 특히 여름에는 점포 안이 시원하다 보니 학생들이 들어와서 거의 자리를 펴놓고 노는 수준인 경우가 있다.

어느 날 자정 즈음이었다. 직영 점포의 CCTV를 보고 있는데, 한 여성분이 키오스크를 꼭 끌어안고 있는 모습이 보였다. '왜 저러고 있지? 뒤에 뭘 떨어트렸나?' 생각하면서 지켜보고 있는데 꽤 오랫동안 같은 자세로 있는 것이다. 한참 만에 그분이 일어났길래 혹시나 하는 마음에 그 자리를 확대해보니 아니나 다를까 계산대 위에 숙취의 흔적을 남기고 간 것이다….

냄새도 날 테고 위치도 계산대 위이다 보니 다음에 온 고객이 그걸 본다면 우리 점포의 이미지가 안 좋아질 것이 뻔했다. 결국 부랴부랴 출동해서 깨끗하게 치웠다. 우연히 타이밍이 맞아서 빠르게 확인하고 조치할 수 있었던 거지, 만약 그 상황을 포착하지 못했더라면 어땠을지 생각만 해도 아찔하다. 누가 그런 오물 옆에서 결제를 하고 싶겠는가?

한 고객이 점포를 지저분하게 이용하고 나가면 그다음에 들어온 고객은 '여기는 원래 이렇게 관리가 안 되고 지저분한 곳이구나' 하고 생각할 것이다. 점포가 무인으로 운영되다 보니 여러 문제 상황에 즉각적으로 대응을 하지 못하는 것은 상당한 단점이다. 물론 이런 일이 빈번하게 일어나지는 않지만 빠른 처리가 필요한 상황에 실시간 대응할 수 없다는 점은 현재의 무인점포가 가진 한계임을 인정해야 한다. 오픈 초에는 CCTV를 자주 들여다보며 '주인이 열심히 관리하는 점포'라는 인식이 고객들 사이에 형성되도록 하는 것이 최선이다.

간혹 CCTV를 통해 고객의 특이한 행동을 포착하여 점포와 연결된 스피커로 경고를 하거나 퇴점을 요청해야 하는 경우가 생긴다. 그러면 대부분은 자리를 뜨지만 그런 고객이 있는지 시시각각 확인하는 데에도 한계가 있다. CCTV 앞을 하루 종일 지키고 앉아 있을 수는 없으니 말이다.

오픈 초기에 CCTV를 자주 확인하여 이런 상황이 발생할 때마다 그때그때 피드백을 하면 고객들 사이에서 알게 모르게 '저 점포는 주인이 24시간 CCTV로 보고 있다'는 소문이 퍼져서 불상사를 줄일 수는 있다. 현재로써는 이 방법이 가장 확실하고도 유일한 방법인 듯하다.

언젠가는 AI가 CCTV를 24시간 감시해서 일반적인 내방 고객의 행동에서 벗어난 패턴을 보이는 사람이 있을 때 주인이 CCTV를 확인할 수 있도록 알림을 띄워주거나 점포에 직접 경고를 해주는 시스템이 나오지 않을까 기대해 보지만 상용화되기까지는 10년 이상 걸릴 것 같다.

PART 1. 왜 무인창업인가

무인 결제시스템에 대한 이해

키오스크가 사라질 경우 예상되는 불편함이 한두 가지가 아닐 정도로 키오스크는 이 시대의 필수품이 되었다. 하지만 그 시스템을 아직 어려워하고 버거워하는 존재가 있다. 바로 노년층이다. 젊은 세대에게 키오스크가 신기함과 낯섦으로 다가왔다면, 기존 것에 익숙한 노년층에게는 이 새로운 시스템이 어렵고 불편한 존재로 느껴졌을 것이다.

대부분의 고객은 키오스크 이용에 도움이 필요치 않기 때문에 점포를 운영하며 시시각각 긴장해 있을 필요는 없다. 더욱이 무인결제시스템 이용에 도움이 필요한 고객이 언제 올지 모른다는 생각에 CCTV 앞에서 하루 종일 대기하고 있을 수도 없지 않은가. 따라서 이런 고객이 방문했을 때 제때 안내하기란 매우 어려운 일이다.

CCTV를 보면서 점포에 연결된 스피커로 안내하는 방법도 있지만 옆에서 직접 돕는 것에 비하면 제한적이고 답답하다. 키오스크 옆에 사용방법을 상세히 적어놔도 그다지 효과적이지는 않다. 그 결과 키오스크 이용에 불편함을 느껴 상품을 구매하지 못하고 되돌아 나가는 고객이 생기기도 한다.

이렇게 안타까운 현상이 일어남에도 불구하고 키오스크 사용에 어려움을 느끼는 고객까지 모두 아우를 수 없다는 점은 현재의 무인 산업이 직면한 현실이다. 점포 운영 차원에서 완전히 해결하기는 어려운 문제이며 무인 업계가 가지는 명확한 한계라고 할 수 있다.

키오스크 이용 경험이 있는 65세 이상 고령소비자 245명이 답한
키오스크 이용 불편사항 (중복응답)

상품 선택부터 결제까지 단계가
너무 복잡해요 51.4% (126명 선택)

다음 단계로 넘어가는 버튼을
찾기가 어려워요 51% (125명 선택)

주문하기까지 시간이 오래 걸리니
뒷사람 눈치가 보여요 49% (120명 선택)

화면의 그림과 글자가
잘 안보여요 44.1% (108명 선택)

이밖에도 결제수단이 제한적이다(33.5%), 화면당 조작시간이 너무 짧다(31.8%), 주문할 상품에 대해 궁금한 점을 물어볼 수가 없다(24.9%) 등의 답변이 있었음

자료 출처 : 「고령소비자 비대면 거래 실태」 2020.09 한국소비자원

PART 1. 왜 무인창업인가

그래도 무인창업을
해야 하는 이유

 단점만, 혹은 장점만 존재하는 사업은 없다. 앞서 언급했던 무인창업의 여러 가지 단점에도 불구하고 이 사업을 시작한 이유는 장점이 단점을 확실하게 상쇄할 수 있다는 확신이 있어서였다. 상권과 아이템에 대한 정확한 분석과 이해가 밑바탕에 깔려있다면 분명 승산이 있을 것이고, 혹시 내 선택이 잘못된다 하더라도 애초에 투자금이 적게 들어갔기에 큰 손실은 없으리라는 판단이 있었다.
 세상에는 구더기가 무서워서 장 못 담그는 사람들이 꽤 많다. 필자는 세계적인 베스트셀러 작가 지그 지글러Zig Ziglar의 "행동하는 2%가 행동하지 않는 98%를 지배한다"라는 말대로, 2%의 행동하는 인간에 속하기 위해 노력하고 있다. 당신도 아마 지금은 긴가

민가하고 있거나 '한번 해볼까?'라는 생각을 하는 대부분의 사람에 속할 것이다. 더이상 이것저것 재고 따지며 걱정만 하다가 시간과 기회를 흘려보내지 말자.

부디 작은 실행이라도 해보길 바란다. 무인점포 운영 현실을 좀 더 확실히 알고 싶다면 근처에 있는 무인점포 사장을 찾아가서 현황을 묻고 조언을 구해보자. 아예 그 점포에서 무일푼으로 직접 일을 해보는 것은 어떤가. 하루에 한 시간씩 7일 일해봤자 7시간밖에 안 된다. 무엇이든 도움이 되는 일이라면 가리지 말고 시도하라.

단, 너무 큰 욕심은 화를 불러올 수도 있다. 욕심을 조금 내려두고 작은 성공 경험을 조금씩 쌓다 보면 큰 성공에 가까워질 것이다. 작게 시작해도 괜찮다. 시작은 미약하였으나 끝은 창대할지 누가 알겠는가.

여러 단점이 있음에도 불구하고 시대적으로나 사회적으로 무인창업이 대세임은 확실하다.

코로나 사태가 열어준 비대면 산업의 미래

코로나 사태로 인해 비대면 거래가 생활화되면서 많은 자영업자가 고통을 받았다. 무인점포 업계도 피해가 아주 없지는 않았지만, 비대면 수요의 증가는 무인 산업이 폭발적으로 확장하는 계기가 되었다.

힘든 시기에 피해를 최소화하고 성장까지 가능하게 한 일등공신은 바로 키오스크다. 키오스크는 대기업에서 먼저 사용하기 시작했는데, 패스트푸드 회사를 비롯하여 다이소나 홈플러스 같은 대형 업체에서 키오스크를 도입함으로써 소비자들이 셀프 결제시스템을 능숙하게 사용할 수 있도록 만들었다.

키오스크 도입 초창기에는 기계 옆에서 사용법을 일일이 알려주는 직원이 있는 곳도 있었다. 만약 지금이 비대면 산업 초창기이고 당신이 하루종일 키오스크 옆에 서서 고객들에게 사용법을 알려줘야 한다면 무인창업을 시작할 수 있겠는가?

아마 섣불리 마음먹기는 힘들 것이다. 하지만 현재는 고객이 키오스크를 이용해 스스로 결제할 수 있을 만큼 시스템이 간편해진 데다 키오스크의 폭발적인 보급으로 인해 기계값이 예전에 비해 현저히 낮아졌다.

결과적으로 무인 업계는 대기업이 차려놓은 '셀프 결제시스템'이라는 밥상을 활용하여 손쉽게 키오스크를 도입할 수 있게 되었다. 만약 대기업에서 키오스크를 도입하지 않았더라면 무인 결제시스템의 정착에는 훨씬 오랜 시간이 걸렸을 것이다.

비대면 수요의 증가와 키오스크의 대중화는 무인 산업의 성장에 큰 동력이 되었다. 기회를 잡는 것은 오로지 자신의 몫이다.

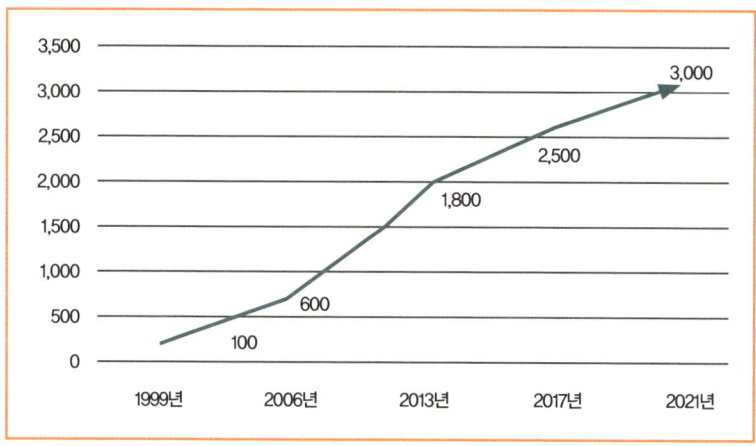

국내 키오스크 시장 규모 변화
(단위 : 억 원)

자료 출처 : 신한금융투자 '국내 키오스크 시장규모 조사' (2018)

제2의 월급을 준비할 시기

'노후파산'이라는 단어를 들어본 적이 있는가? 돈이 없어 불행한 노년의 삶을 일컫는 일본의 신조어이다. 젊은 시절에 누구보다 열심히 일했지만 충분한 자산을 일구지 못해 생활고를 겪는 노년층이 증가하고 있는 현실은 결코 남의 이야기가 아니다. 내 일이 될 수 있고, 당신의 이야기가 될 수도 있다.

노후파산을 피하기 위해선 제2의 월급, 연금과도 같은 든든한 파이프라인을 지금부터 준비해야 한다. 내가 자고 있거나 놀고 있어도 365일, 24시간 돌아가는 무인점포가 하나의 파이프라인이 될 수 있다. 당신이 이 글을 읽고 있는 지금 이 순간에도 필자의 무인점포에서는 매출이 계속 발생하고 있다. 점포가 많으면 많을수록 시간당 매출은 늘어난다.

그렇다면 혼자서 관리하고 운영할 수 있는 점포의 수는 최대 몇 곳일까? 상품 입고일을 제외하면 점포에 10분 이하로 머무는 경우도 있지만 넉넉하게 점포당 한 시간으로 잡아 계산하면 (전업으로 할 경우) 열 곳은 혼자 운영할 수 있다.

하루 10시간이라니, 너무 빡빡한가? 한 점포당 순수익이 100만 원씩(이보다 훨씬 더 나오지만) 매달 1,000만 원을 벌 수 있는데 하루 열 시간 일을 못 할까?

직장생활을 병행한다면 최대 세 곳 정도가 적당하다. 필자는 현재 신사업을 시작한 상황이라 매니저를 고용하여 점포 관리를 맡기고 있지만 얼마 전까지만 해도 직장을 다니면서 점포 세 곳을 혼자서 관리했다.

현재 회사에서 얻는 근로소득, 재테크 등을 통한 기타소득, 점포 세 곳으로부터 나오는 사업소득(장사소득이라고 해야 정확한 표현인 것 같다)을 합해 4인 가구가 여유롭게 생활할 수 있을 정도의 수입을 벌고 있다. 세 종류의 소득 중 가장 큰 비율을 차지하는 것은 단연 무인점포에서 나오는 장사소득이다.

점포에 상주하며 일을 하지 않아도 점포가 나 대신 일하며 돈을 벌고 있다. 이 글을 쓰고 있는 지금 이 순간에도 누군가는 나의 점포에서 아이스크림이나 과자, 음료수, 밀키트를 구매하고 있으니까 말이다.

대신 일을 해줄 존재가 있다는 것이 얼마나 든든한가? 물이 조금씩이라도 흘러나오는 파이프라인을 지금부터 만들어 둔다면 안정적인 노후를 준비하는 데 든든한 존재가 될 것이다.

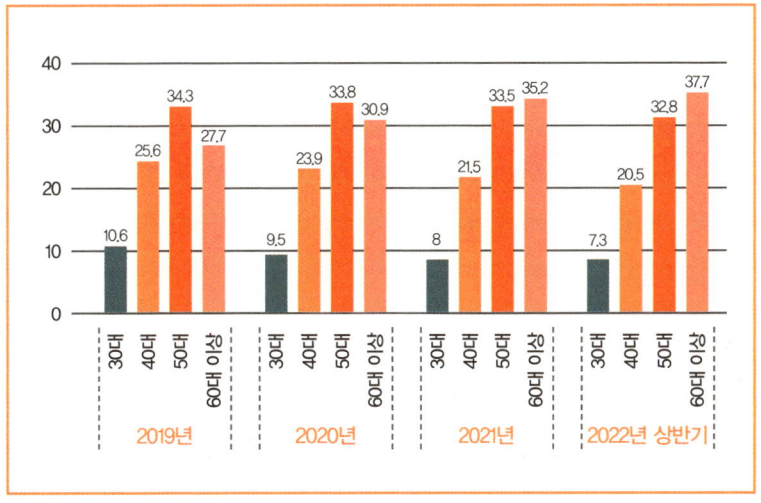

연령대별 개인파산 신청 현황 (단위 : %)

자료 출처 : 법원 행정처

PART 1. 왜 무인창업인가

INSIGHT

실제 무인점포를 운영중인 점주 인터뷰

Q. 자기소개 부탁드리겠습니다.

A. 안녕하세요, 저는 서른네 살의 평범한 직장인입니다. 퇴근하고 와서 제가 운영하는 무인점포를 정리하고, 물건 진열을 하고 있습니다. 보통은

100만 원 상당의 물건을 발주하는데, 한 번에 대여섯 박스 정도가 들어옵니다. 과자는 제가 직접 도매 사이트에서 주문을 해서 진열을 하고, 아이스크림은 도매업자가 와서 직접 세팅을 해줍니다. 음료수도 제가 직접 진열을 하고 있습니다.

Q. 점포를 소개해주세요.

A. 저희 '아이스크림 아저씨' 5호점은 13평 정도 되는 공간 안에 최대한 다양한 상품을 구성하기 위해 노력했습니다. 상권의 특성상 매장 근처에 1인 가구가 많아 혼술을 하시는 분이 많기 때문에 과자부터 마른안주까지 다양하게 구비했습니다. 특히 이 상권은 배달하는 분들이 많이 드나드는 상권이기 때문에, 그분들이 오셔서 음료수라도 하나씩 사드실 수 있도록 음료수 종류도 다양하게 갖추어 두고 있습니다.

Q. 일주일에 일은 얼마나 하세요?

A. 거의 매일 오고 있습니다. 직장인이기 때문에 퇴근 후 하루에 한 시간에서 두 시간 정도 점포에 들러 관리를 하고 있습니다.

Q. 제품 선정 기준이 따로 있으신가요?

A. 도매처 판매량이 높은 것을 우선적으로 선정하고 있습니다. 그러나 판매량만 100% 신뢰할 수는 없기 때문에 제가 하나씩 사서 먹어보곤 합니다. 그러나 제품을 모두 먹어볼 수는 없기 때문에 고객분들께 직접 물어보는 경우도 많습니다.

Q. 커피머신도 놓으셨네요?

A. 아이스크림을 판매하는 점포의 경우 겨울에 매출이 떨어지는 경우가 대부분인데요. 떨어지는 매출을 보완하고자 가성비가 좋은 커피머신을 설치하였습니다. 겨울철 커피 판매수익만 50만 원이 넘어서 이미 커피머신 구입 비용의 손익분기점을 넘긴 상태입니다. 그만큼 많은 분들이 아이스크림뿐 아니라 따뜻한 커피도 많이 이용하십니다.

Q. 점포에 과자의 종류가 많은데 과자와 아이스크림 매출 비율이 동일한가요?

A. 아이스크림의 비율이 훨씬 높은 편입니다. 성수기에는 아이스크림의 비율이 높고 비수기에는 아이스크림의 비율이 낮아지지만, 과자의 매출이 그만큼 매출 하락을 방어해줍니다. 겨울철 비성수기에는 월매출이 1,000만 원이 넘고, 성수기에는 아이스크림과 과자의 매출을 합해 2,000만 원이 넘어갑니다.

Q. 점포의 순이익은 어떻게 되나요?

A. 평균적으로 200만 원 이상입니다. 전체 연 매출은 2억 원 정도입니다.

Q. 사업을 시작하게 된 계기가 있으신가요?

A. 제가 살던 곳에 무인 아이스크림 할인점이 있었습니다. 무인으로 운영되는 점포였고 아무래도 인건비가 없다 보니 다른 마트나 편의점보다 물건값이 저렴하더라고요. 같은 상품인데도 제가 기존에 다른 곳에서 구매했던 가격보다 저렴하게 살 수 있으니 너무 행복하고 좋은 거예요. 그래서 저

뿐만 아니라 다른 사람들도 많은 혜택을 누렸으면 좋겠다는 생각이 들어서 시작을 하게 되었습니다. 자금이 많지 않은 상황에서 시작한 사업이지만 지금은 정말 잘한 선택이라고 생각을 하고 있습니다. 보람도 많이 느끼고 있고요.

Q. 초기 비용은 얼마나 드셨나요?

A. 초기 비용은 13평 점포 기준으로 전부 다 해서 2,300만 원 정도 들었고, 보증금은 2,000만 원 정도 들었습니다. 매장의 월세는 130만 원 정도 되고요. 여름에는 관리비가 많이 나가는 편이지만, 그만큼 고객이 많고 매출이 확보되기 때문에 큰 부담은 아닙니다.

PART 2

'먹히는' 아이템을 선정하라

요즘 무인 아이템들

무인창업을 시작하기 위해서 가장 먼저 해야 할 일은 아이템을 선정하는 일이다. 수많은 아이템 가운데 무엇을 선택해야 할까? 압도적인 점포 수를 가진 무인 아이스크림 할인점부터 무인카페, 무인 문구점, 무인 셀프빨래방, 무인 스터디 카페, 셀프세차장 등 선택의 폭이 너무나 넓다. 앞으로도 다양한 분야에서 빠르게 무인화가 이루어질 것이고 그만큼 아이템도 다양해질 것이다.

생활반경 500m 안에 무인 아이스크림 할인점과 밀키트 전문점이 최소 한군데 이상 있을 정도로 곳곳에 다양한 무인점포가 존재한다는 것을 느낄 수 있다. 무인 아이템에는 현재 식품류가 가장 많고 빨래나 세차 같이 생활에 꼭 필요한 '생활 밀착형'으로 분류

PART 2. '먹히는' 아이템을 선정하라

할 수 있는 아이템이 점점 늘어나는 추세다. 특히 식품을 판매하는 무인점포가 많은 이유는 상품에 대한 특별한 정보나 설명, 전문지식이 필요하지 않으며 누구나 쉽게 구매하고 다룰 수 있기 때문이다.

식품형	생활밀착형	여가생활형
무인 카페 무인 밀키트 전문점 무인 아이스크림 할인점 무인 정육점 무인 도시락 가게 무인 편의점	무인 셀프빨래방 셀프세차장 프린트카페 무인 문구점 무인 애견용품점	코인 노래방 무인 스터디카페 셀프사진관 무인 키즈카페 무인 스튜디오

무인창업을 시작하기로 마음 먹었다면 각 아이템의 장점과 단점, 자신의 경제적 상황 등을 고려하여 아이템을 선택해보자. 자신의 경험이나 경력을 활용할 수 있는 익숙한 아이템이라면 더욱 좋다. 다음 표를 보며 근처에서 쉽게 볼 수 있는 무인 아이템 몇 가지를 간단히 비교해보자.

좋은 아이템을 고르는 것도 중요하지만 명확한 기준을 세워 피해야할 아이템을 가려낼 줄 아는 능력도 필요하다.

프랜차이즈 가맹점을 하던 분들이 3년을 채 버티지 못하고 폐업하는 이유에 대해 들어본 적이 있는가? 본인의 기준이나 경험은 고

	장점	단점	창업비용
무인 아이스크림 할인점	• 메인 아이템의 유통기한이 길거나 없음 • 창업비용이 저렴함	• 성수기와 비성수기의 차이가 큼 • 전기세가 많이 나옴	2,000만 원대
무인 밀키트 전문점	• 최근 떠오르고 있는 아이템	• 온라인으로 대체되기 쉬움 • 유통기한이 짧다보니 재고와 폐기 관리에 대한 부담이 큼	4,000~5,000만 원대
무인 셀프빨래방	• 생활 밀착형 아이템 • 관리가 편함	• 부담스러운 시설 비용	1억 원 이상 (점포의 평수에 따라 달라짐)
무인 스터디 카페	• 높은 수익률	• 운영을 위해 대형 매장이 필요함 • 초기 투자 비용이 큼.	1억 원 이상 (점포의 평수에 따라 달라짐)

려하지 않고 오로지 프랜차이즈 본사에서 하는 말만 믿고 괜찮아 보이는 아이템으로 창업했을 확률이 매우 높다.

무인창업은 대개 고난도의 기술이나 전문성이 필요하지 않기 때문에(물론 몇몇 아이템은 사전 지식과 경험이 어느 정도는 필요하다) 일반적인 프랜차이즈 창업보다는 비교적 아이템 선정에 따른 위험도가 낮다.

그럼에도 불구하고 선택을 지양해야 할 무인 아이템이 있다. 초반에 업체의 마케팅으로 인해 유행처럼 떠올랐다가 거품이 꺼지면서 와르르 무너질 수 있는 빛 좋은 개살구 같은 아이템들이다. 이런 아이템을 선택하면 아무리 상권을 잘 분석하고 백방으로 노력해도 결국 손해를 보게 된다. 내가 선택한 아이템이 '맛좋은 살구'

PART 2. '먹히는' 아이템을 선정하라

인지 '개살구'인지 어떻게 구분할 수 있을까? 지금부터 필자가 소개하는 아이템 선정 원칙이 당신의 판단에 도움이 되길 바란다.

무인창업 아이템 선정의 원칙

시작하기에 앞서, 다음 아이템들이 무조건 배제해야 하는 나쁜 아이템은 아니라는 점을 공지한다. 어디까지나 필자의 주관적인 생각과 개인 경험에 의한 판단이기 때문에 해당 아이템으로 창업을 준비하고 있거나 이미 사업을 시작한 분들이 이 글을 읽고 포기하거나 좌절하지 않았으면 한다.

필자가 다년간의 경험과 시행착오 끝에 세운 무인 아이템 선정의 원칙은 다음과 같다.

PART 2. '먹히는' 아이템을 선정하라

온라인에서 쉽게 살 수 있는 아이템은 피해야 한다

만약 내가 선택한 아이템이 온라인 쇼핑으로 쉽게 구매할 수 있는 상품이라면 그 아이템은 피하는 게 좋다. 대한민국은 세계 최고의 인터넷 강국이다. 고도로 발달한 인터넷 환경에서 온라인 쇼핑으로 손쉽게 대체될 아이템을 굳이 선택한다는 것은 시대를 역행하는 행동이다.

소비자는 더 이상 물건을 사기 위해 오프라인 점포를 돌아다니며 발품을 팔지 않는다. 온라인에는 오프라인 점포와는 비교가 안 될 정도로 다양한 제품과 정보가 넘쳐나기 때문이다. 오프라인 점포에서 물건을 훑어보고 온라인에서 주문하는 경우도 많다. 심지어 요즘은 인터넷으로 저녁에 주문하면 다음날 새벽에 받아볼 수 있는 시대다.

이런 상황에서도 온라인 쇼핑으로 쉽게 구매 가능한 아이템을 판매한다면 결국 인터넷 쇼핑몰에 자리를 빼앗길 수밖에 없다. 코로나로 인한 팬데믹 현상은 사람들을 집 안에 머물도록 만들었고 인터넷 쇼핑은 더욱 편리해졌으니까 말이다.

물론 온라인으로 쉽게 살 수 있는 아이템이라도 '좋은 입지의 상권'이라는 어마어마한 힘이 실리면 이야기가 달라지지만 이건 극소수에게만 허락된 일이다. 시대의 흐름, 즉 트렌드를 잘 따라야 한다. 절대 흐름을 역행하지 말자.

유통기한과 폐기에 대한 문제가 없어야 한다

모든 제품은 수명(유통기한)이 길면 길수록 판매 가능 기한이 길어지면서 재고 부담이 줄어든다. 그런데 식품의 경우 유통기한이 일주일이라면 제조일로부터 2~3일만 지나도 판매 가능 기한이 절반으로 줄어드는 셈이다. 고객은 유통기한이 절반 이하로 남은 상품을 구매하고 싶지 않을 것이고, 그 상품들은 '유통기한 임박 상품'이 되어 재고로 쌓인다. 재고 부담을 줄이기 위해서는 할인판매가 불가피하고 마진은 절반 이하로 줄어든다.

여기서 끝이 아니라 할인판매를 위해 제품 바코드를 할인된 가격으로 다시 붙여야 하고 키오스크에 데이터를 새로 등록해야 한다. 잘 보이도록 진열을 다시 해야 하는 것은 물론이고 '반값 할인'이라고 크게 써 붙여놓기까지 해야 한다. '무인점포'의 의미가 퇴색되는 순간이다. 이렇게까지 했는데도 팔리지 않으면 결국에는 손해를 보게 된다. 따라서 유통기한이 짧아 진열 기간이 길지 않고 폐기 우려가 큰 아이템은 되도록 피하는 것이 좋다.

관리 시간이 긴 아이템은 피하자

유인점포가 아닌 무인점포를 선택한 궁극적인 이유에 대해 생각

PART 2. '먹히는' 아이템을 선정하라

해보자. 물론 첫째는 경제적인 이유일 것이다. 돈을 벌기 위해 경제 활동을 한다지만 그러자고 내 몸을 '갈아 넣기'까지 해서는 안 된다. 그럴 바에는 차라리 아르바이트를 하는 게 훨씬 낫다.

본업을 유지할 수 있고 시간 투자를 많이 할 필요가 없기 때문에 무인점포를 선택한 본래 취지를 잊지 말자. 점포 관리 시간을 최대한 줄여 아낀 시간에 다른 일을 하거나 취미 생활 혹은 자아실현을 하자. 점포 관리를 위해 너무 많은 시간을 보내야 하는 아이템은 과감하게 거르자.

소모품을 자주 갈아야 하거나 한번 고장 났을 때 큰 비용이 드는 아이템도 조심해야 한다. 기계값이 비싸고 세척으로 인해 손이 많이 가며, 고장 나면 수리비가 많이 드는 무인 카페용 커피머신이나 고장빈도가 잦은 코인 세탁기 등이 대표적인 아이템이다.

어떤 아이템을 피해야 할까?

수많은 아이템 중 무엇을 골라야 하냐고 묻는다면 우선 '하지 말아야 할 것'을 골라내야 한다고 대답하겠다. 필자가 가장 첫 번째로 골라 낼 아이템은 밀키트 전문점과 무인 반찬가게다.

두 아이템 모두 온라인 구매가 아주 쉽고 오프라인 점포와는 비교도 안 되는 다양한 종류의 밀키트와 반찬이 온라인 쇼핑몰에 존재한다. 심지어 주문하면 다음 날 아침에 당신이 일어나기도 전에 문 앞까지 배송된다. 몇 번의 터치로 집 앞까지 대령해주는 상품을 굳이 오프라인에서 살 이유가 있겠는가?

물론 특정 음식을 당장 먹고 싶은 사람이라면 근처에 있는 오프라인 밀키트 전문점이나 무인 반찬가게를 이용할지도 모른다. 하지만 그러기보다는 '배달의 민족' 어플을 켤 확률이 훨씬 높다.

그리고 두 아이템 모두 유통기한이 짧다. 냉동식품도 함께 취급하는 점포도 있지만 일반적으로 식품을 취급하는 무인점포에서는 냉장식품이 차지하는 비율이 더 크다. 먹지도, 팔지도 못한 폐기품이 내 집 냉장고에 쌓이는 경험을 하게 될지 모른다.

뿐만 아니라 두 아이템 모두 점포에서 직접 재료 소분과 포장을 해야 하고 심지어 반찬을 직접 만들어 파는 곳도 있다. 직장생활과 점포 운영을 병행하는 사람에게는 1분 1초가 아까운 시간인데 퇴근 후 점포로 출근해서 재료를 소분하고 반찬을 직접 만들기까지 한다는 것은 납득하기 어렵다. 본업을 정리해야 할 정도로 매출이 높아졌거나 애초에 본업으로 시작한 사람이라면 모를까…. 이런 운영 방식은 무인점포의 이점을 제대로 활용하지 못하는 것이다.

그럼에도 불구하고 무인 밀키트 전문점과 무인 반찬가게를 오픈하려는 사람이 꽤 많다. 밀키트 전문 프랜차이즈 업체에서는 매출이 높은 점포를 대표 사례로 내세워 홍보하고 유튜브 광고도 많이 한다. 밀키트 전문점 창업을 계획하고 있다면 업체가 과장된 홍

PART 2. '먹히는' 아이템을 선정하라

보를 하고 있지는 않은지 검토해 볼 필요가 있다.

예상컨대 무인 밀키트 전문점은 향후 2~3년 안에 거품이 꺼지고 나면 점포 수가 크게 줄어들 것이다. 외부의 달콤한 유혹에 현혹되지 말고 자신만의 기준을 세워 신중하게 판단하기를 바란다.

미래가 기대되는 무인 아이템들

앞으로는 어떤 아이템이 떠오를까? 유망한 아이템을 골라 시장에 빠르게 진입하기 위해서는 소비 트렌드를 읽어야 한다. 소비자가 바라는 것이 무엇인지 생각하다 보면 대략적인 답을 찾을 수 있다.

저축과 가성비의 시대를 지나 가격보다 마음의 만족을 의미하는 '가심비', 비용이 좀 들더라도 노동량과 시간을 절약해주는 '가시비'와 같은 소비 가치가 떠오르고 있다.

끊임없이 변화하는 소비자의 '니즈needs'와 '원츠wants'를 파악하여 그들의 지갑을 열게 할 매혹적인 아이템을 끊임없이 생각해야 한다. 다음은 필자가 생각한 미래가 기대되는 아이템들이다.

PART 2. '먹히는' 아이템을 선정하라

'펫팸족'을 위한 아이템

반려동물을 가족 내지는 삶의 동반자로서 귀하게 여기는 이른바 '펫팸족pet+family'이 늘고 있다. 이런 흐름을 따라 반려동물 관련 무인 산업은 빠른 성장세를 보이고 있다.

실제로 무인 애견용품점은 코로나 사태 발생 후 급성장한 아이템이다. 외부 활동이 어려워지면서 실내에서 반려동물과 함께 하는 시간이 길어지고, '코로나 블루'라고 하는 우울감을 반려동물과 함께 이겨내려는 경우가 많아지다 보니 관련 시장이 크게 성장한 것이다. 이제 막 떠오르고 있는 애견샤워장, 애견스파 같은 무인 아이템은 미래가 더욱 기대되는 아이템이다.

그러나 이 두가지 아이템은 소자본 창업이라고 하기에는 다소 무리가 있다. 무인 셀프빨래방처럼 장비산업에 가깝기 때문에 초기 투자 비용이 무인 아이스크림 할인점의 두 배 정도 되기 때문이다. 하지만 장비 개발이 진행될수록 초기 투자 비용은 줄어들고 진입장벽도 낮아질 것이다.

'펫코노미pet+economy'라는 신조어가 생겨났을 정도로 확장하고 있는 반려동물 시장에서 관련 아이템이 더욱 다양해지는 것은 너무나 자연스러운 현상이다. 반드시 애견용품점이나 애견스파가 아니더라도 관련산업을 꾸준히 관찰하면서 적합한 아이템을 발굴해야 한다.

'완벽한 무인화'로 가는 길목에 선 무인 편의점과 무인 마트

무인 아이스크림 할인점이 지펴놓은 무인창업의 불씨를 활활 타오르게 할 아이템은 무인 편의점, 무인 마트와 같은 복합 상품 판매점이라고 생각한다. 무인 아이스크림 할인점과 상권은 동일하지만 취급 품목을 늘리고 생활용품부터 술, 담배까지 모두 무인 판매가 가능해진다면 현재 유인으로 운영되고 있는 편의점과 대등한 역할을 하면서 이점은 훨씬 많은 사업이 된다.

2022년 기준 5만 개가 넘는 국내 편의점 중에서 24시간 무인으로 운영되는 곳은 극소수다. 성인인증이 필요한 술과 담배까지 무인 판매가 가능하고 고객이 카드 정보를 입력한 뒤 점포에 들어가면 계산대를 거치지 않고도 퇴점할 때 자동으로 결제가 되는 시스템이 개발되었지만 몇몇 테스트 점포에 그치고 있다. 게다가 일반 점포에 널리 적용하기에는 비용이 너무 많이 들기 때문에 상용화되기까지 시간이 제법 걸릴 것이다.

진정한 무인화의 완성은 신분(증) 확인과 자동 계산뿐만 아니라 물류(재고)시스템, 진열까지 완벽하게 무인으로 운영되는 점포라고 할 수 있다. 하지만 지금은 불가능에 가깝다. 따라서 앞서 말한 '진정한 무인화'의 형태로 가는 진화의 길목에 한발을 내딛은 무인 편의점과 무인 마트가 비약적으로 발전할 것이라 예상한다.

잠깐 떴다가 사라지는 대부분의 프랜차이즈와는 달리 오랜 시간 소비자 곁을 지킨 편의점은 우리 생활에서 떼려야 뗄 수 없는 산업임을 장기간에 걸쳐 확인했다. 비슷한 산업군인 무인 마트 또한 유망할 것이다.

기술이 어떤 형태로 발전할지 예측할 수 없는 만큼 트렌드를 인식하면서 어떤 진화된 사업 형태가 어떤 아이템에 접목될지 끊임없이 지켜보고 고민해야 한다.

INSIGHT

투자시간과 투자비용에 따른 아이템 선택

　세상에는 다양한 사람이 있다. 어떤 사람들은 과감한 선택을 하고 어떤 사람은 망설임 끝에 아무 선택도 하지 못한다. 무인창업을 결정하는 것도 마찬가지다. 상황에 따라 투자금이 다를 뿐 아니라 성향과 기준에 따라 선택하는 아이템도 달라진다.

　다음 자료를 통해 무인 아이템을 선택할 때 가장 결정적인 영향을 미치는 두 가지 요인인 시간과 비용에 따른 선택 지표를 살펴보자. 두 요소에 자신의 상황을 대입하여 최종 선택에 도움이 되길 바란다.

　필자의 개인적인 견해이므로 기준의 차이는 있을 수 있다. 초기 투자비용이 큰 쪽은 장비산업에 가까운 아이템들이고 적은 쪽은 초기 투자비용이 적게 들어 진입장벽이 낮고 주변에서 많이 볼 수 있는 것들이다. 투자시간이 많다는 것은 점포에 머물러야 하는 시간이 많다는 의미인데 단순히 말해 '손이 좀 많이 가는 아이템'이라고 보면 된다.

표를 보면 손이 적게 가면서 투자비용도 적게 드는 아이템에 무인 아이스크림 할인점이 있다. 이 아이템이 왜 그토록 많은 사람의 선택을 받았는지 쉽게 추측할 수 있을 것이다. 반대로 무인 세차장은 손이 많이 가면서 투자비용도 많이 드는 아이템이라 경험없는 사람이 함부로 뛰어들기는 어렵다. 하지만 그만큼 경쟁이 적을 수 있으므로 반드시 나쁜 아이템이라고 할 수는 없다. 문제는 내가 추구하는 목표인 '적은 시간 투자로 가능한 부업'과 맞느냐일 뿐이다.

시간이든 자본이든 투자 여력에 따라 결정하면 되는데 되도록 관리 시간이 짧은 쪽 아이템을 선택하길 권한다. 본업을 유지하면서 부업으로 추가 수입을 얻고자 하는 우리는 많은 시간을 투여하지 않고 본업에 집중해야 하기 때문이다.

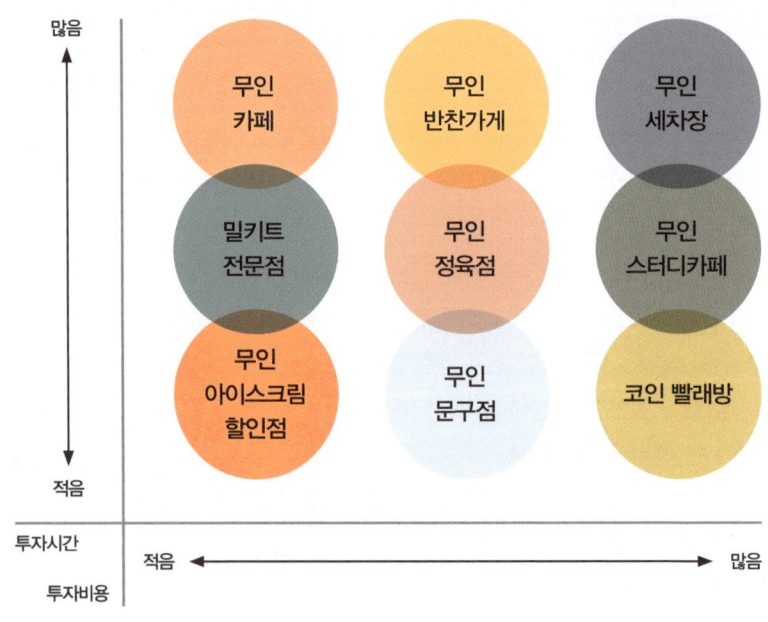

물론 퇴직 후 제2의 업을 선택하고자 하는 사람의 경우 좀 더 여유롭게 시간 투자를 할 수 있다. 하지만 그런 경우라 해도 시간 투자가 적은 쪽을 선택하기를 권한다. 퇴직 후에도 일에 매여있기보다는 여가생활도 즐기고 취미활동도 하며 가족과 여유롭게 지내는 것이 좋지 않겠는가?

 자료에 모든 아이템을 다 넣을 수 없어 대표적인 아이템들만 예시로 넣었지만 이밖에도 무수히 많은 아이템이 존재한다는 것을 염두에 두고 내가 선택한 아이템이 어느 쪽에 속하는지 분류하여 상황에 맞는 아이템을 결정하길 바란다.

PART 3

'통하는' 자리를 선점하라

입지의 중요성

점포를 오픈할 때 가장 중요하게 생각해야 하는 요소는 첫째도, 둘째도, 셋째도 입지다. 다른 업종과 마찬가지로 입점하려는 상권에 내가 선택한 아이템이 적합한지 철저히 분석하고 시작해야 만족할 만한 매출을 기대할 수 있다.

이번 장에서는 '통하는 입지'의 특징을 설명하고자 한다. 현재 필자가 직접 운영을 하고 있거나 개점에 참여한 점포의 상권별 입지를 분석해보고 실제 매출과 수익을 직접 확인할 수 있도록 구성했다. 사례로 등장하는 모든 점포는 무인 아이스크림 할인점임을 미리 공지한다.

자리를 선정하고 임대차 계약서를 작성하고 나면 승부는 이미

PART 3. '통하는' 자리를 선점하라

결정됐다고 해도 될 만큼 자리선정(입지)은 중요하다. 입지만으로 대략적인 매출을 예상할 수 있을 정도니 신중에 신중을 거듭해야 한다. 그러면 지금부터 입지 선정의 기준부터 하나씩 알아보자.

'통하는' 입지의 특징

거리는 최대한 가깝게

가장 먼저 생각해야 할 조건은 거리이다. 되도록 거주지나 직장에서 가까워야 한다. 자신이 위치한 곳에서 20분 이내로 접근할 수 있는 곳이 가장 좋다.

탄탄한 몸매를 만들기 위해 운동을 하기로 마음을 먹었는데 헬스장이 차로 한 시간 거리에 있다면 꾸준히 운동하여 몸짱이 될 확률은 점점 낮아질 것이다. 점포 관리도 마찬가지다. 거리가 가까워야 자주 나가볼 수 있고 관리도 수월해진다.

또한, 거주지나 직장에서 가까운 곳이어야 지역에 대한 이해도가 높아 접근하기가 쉽다. 즉, 내가 잘 아는 지역일수록 유리하다. 거리가 가까우면 무인점포의 단점 중 하나인 '즉각 대응 불가'를 조금이라도 보완할 수 있다는 장점도 있다.

점포까지 가기 위해 지출해야 하는 교통비나 주유비도 무시할 수 없다. 이는 고정비에 포함되어 순이익 감소에도 영향을 미친다. 점포가 가까우면 교통비 지출이 줄어들면서 고정비 감소 효과로 수익률이 상승하고 점포까지 가는 데 드는 시간이 줄어든 만큼 관리 시간도 짧아진다.

필자의 경우 통근길에 점포가 두 개 있어서 매일 아침 집에서 일찍 나와 점포 두 군데를 들렀다가 출근했다. 매일 다니던 동네라 자리를 알아볼 때도 수월했고 집과 회사에서도 멀지 않아 급하게 점포에 가봐야 하는 상황이 생겨도 큰 어려움이 없었다. 거리가 가까운 것은 점포 관리에도 좋고 비용 절감 측면에서도 유리하다.

아파트 혹은 오피스텔 상권

아파트 상권이나 오피스텔 상권은 가장 안정적인 상권이라고 할 수 있다. 특히 아파트 상권은 초기 무인 아이스크림 할인점들이 가장 먼저 공략했던 상권이기도 하다. 하지만 과도한 개점으로 현재는 전국 대부분의 아파트 입구에 하나씩 있을 만큼 포화상태다.

한편 오피스텔 상권은 무인 업계에서 블루오션*이라고 할 수 있다. 수많은 상권을 보러 다녔지만 오피스텔 상권에 위치한 점포를 많이 보지는 못했다.

사례에서 자세히 설명하겠지만 오피스텔은 대부분 1인 가구로 구성되어있다. 냉장고에 식료품을 여유있게 준비해두는 3~4인 가구보다는 필요할 때마다 그때그때 구매하는 제품에 관한 수요가 더 많다는 의미이기도 하다. 냉장고에 음식을 쟁여두기보다는 필요할 때마다 사서 먹는 경우가 많다 보니 가까운 편의점이나 동네 마트 이용 빈도가 높다. 아파트보다 세대수가 적더라도 매출이 적지 않은 이유는 세대 구성원의 이런 특징 때문이다.

대단지 아파트 상권도 좋지만 세대수가 500세대 이상인 오피스텔에서도 긍정적인 매출을 기대할 수 있다. 필자 역시 오피스텔 상권에 두 개의 점포를 출점했는데 매출이 모두 평균 이상이다.

무인 아이스크림 할인점을 기준으로 아파트는 1,000세대 이상, 오피스텔은 500세대 이상이면 출점 가능한 조건을 충족했다고 판단한다. 절대적인 기준은 아니지만 이 정도 세대수면 전국 어디에서도 평균 이상의 매출을 올릴 수 있다.

* 새롭게 생겼거나 경쟁자가 별로 없는 시장을 의미함

PART 3. '통하는' 자리를 선점하라

배후 세대 구성원의 연령대

입주민이 젊은 세대로 구성되어있는 상권이 그렇지 않은 상권에 비해 유리하다. 얼마 전 한 지역에 2,000세대 정도 되는 대단지 구축 아파트 상가에 임대 물건이 나왔길래 재빨리 가보았다. 배후세대수도 충분하고 상가가 단지 중앙에 위치해 있으며 무엇보다 임대료가 굉장히 저렴했다.

마침 근처에 경쟁점도 없던 터라 계약을 해야겠다고 마음을 먹고 분위기 확인차 아파트 단지를 천천히 한 바퀴 도는데, 주차장에 주차된 차량의 절반이 녹색 바탕에 지역명이 표기된 옛날 번호판인 게 눈에 띄었다. 오랜만에 보는 정감 가는 녹색 번호판들을 본 순간 입주민 대다수가 고령자일 것임을 짐작할 수 있었고 결국 계약하지 않았다.

상권 이용객의 평균 연령이 높은 곳에 점포를 오픈하면 일단 빗발치는 문의 전화 응대를 각오해야 한다. 그 전화를 모두 받다 보면 본업에 영향을 주는 상황이 발생할 수 있다.

또한, 키오스크가 익숙하지 않은 노년층에게는 셀프 계산 시스템이 어렵고 힘들 수 있고 로스에 대한 우려도 상대적으로 커질 것 같았다. 이런 상황들을 종합해본 결과 아쉽지만 그 상가는 포기할 수밖에 없었다.

상권 자체에 젊은 세대가 많아야 좋다. 특히 어린 자녀가 있는 젊은 부부가 많을수록 좋고, 근처에 초등학교를 품고 있는 아파트면 가장 좋다. 즉, 세대수가 1,000세대이면서 초등학교를 품고 있는 아파트, 이른바 '초품아' 상권이 가장 안정적이고 이상적이다.

매출이 높은 편의점 옆으로

'편의점 옆에 입점하기'

이것은 무인 아이스크림 할인점 출점의 기본 전략이다. 그중에서도 매출이 높은 편의점 옆자리를 찾아서 입점하는 것이 핵심이다. 입점하려는 상가 옆 편의점 매출이 어떤지 판단하기 위해서 다음과 같은 시도를 해보자.

편의점 매출이 집중되는 오후 5~6시부터 관찰을 시작한다(편의점과 무인 아이스크림 할인점의 매출 집중 시간은 거의 동일하다). 손님이 얼마나 들어가는지, 어떤 물건을 사서 나오는지, 연령대는 어떤지 등을 관찰한다.

플라스틱 물류 박스의 개수를 헤아려보는 방법도 있다. 편의점에서 발주한 상품들은 정기적으로 물류 박스에 담겨 배송된다. 따라서 물류 박스가 많다는 것은 그만큼 상품이 많이 팔려나간다는 의미이기 때문에 대략적인 매출 지표가 될 수 있다.

그밖에도 옆 상가나 부동산에 문의하거나 편의점 아르바이트생에게 직접 물어보는 방법 등을 통해 해당 편의점 매출을 대략 확인할 수 있다. 편의점 매출이 괜찮고 세대수도 받쳐주는 지역이라면 그 상가는 최우선으로 고려해야 할 후보지로 생각해야 한다.

학원이 많은 상가

학원이 많은 상가 역시 좋은 상권으로 판단한다. 상가에 학원이 많다는 것은 학부모와 아이들이 많이 드나든다는 의미이다. 학부모들이 아이를 기다리는 동안 무료함을 달랠 간식을 사 먹을 수도 있고 귀갓길에 아이 손에 이끌려 구매할 확률도 높다. 즉, 상가에 학원이 많으면 고객 유입 확률이 그만큼 높아지는 것이다.

주차 공간이 있는 상가

요즘은 가까운 거리도 차량을 이용하는 경우가 많다. 특히 궂은 날씨에는 차량을 이용하는 빈도가 더 높아지기 때문에 주차 공간이 확보되지 않으면 고객 접근성이 떨어진다.

일을 마치고 귀가하는 경우나 근처에 차를 가지고 나온 경우, 점포 앞에 주차 공간이 있으면 잠시 차를 세워두고 빠르게 점포를 이용할 수 있다. 점포 앞에 주차할 공간이 있는 곳은 그렇지 않은 곳에 비해 접근성이 높다.

항아리 상권

일반적인 의미로 항아리 상권이란, 특정 지역에 상가가 잘 발달되어 해당 지역 소비자들이 다른 상권을 이용하기 위해 이동할 필요가 없어지면서 자연스럽게 고정 수요가 확보된 상권을 의미한다.

필자는 이 항아리 상권을 출입구가 하나인 아파트 상권에 대입

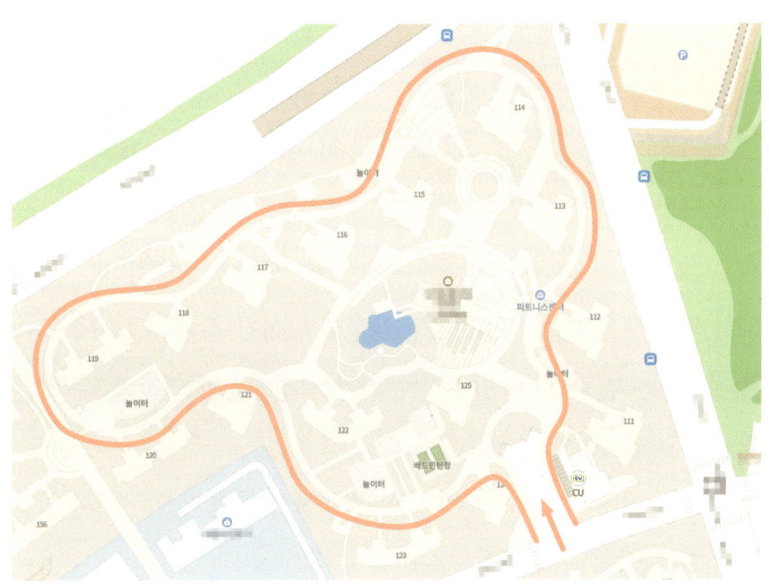

하였다. 지도에서처럼 정문이 하나인데 그 정문에만 상가가 있어 주민들이 다른 상가로 유출되지 않고 정문 상가를 이용할 확률이 높은 경우를 말한다. 아파트 단지뿐만 아니라 오피스텔도 입구가 하나뿐이고 그 입구에 상가가 있다면 항아리 상권으로 판단한다.

> **작가의 꿀팁**
>
> 참고로 아이스크림 할인점은 2층 이상에는 입점이 제한된다. 아이스크림이 입고될 때 무게가 많이 나가 납품업자가 꺼려한다는 이유도 있지만, 많은 수량이 한꺼번에 들어와야하기 때문에 이동거리가 길어지면서 아이스크림이 녹을 수 있다.
>
> 사실 아이스크림을 보관하는 수평 냉동고를 2층으로 들여오는 것부터 불가능에 가깝다. 아파트 상가가 보통 2~3층인데 엘리베이터가 없는 경우가 많고 수평 냉동고는 일반 엘리베이터에 실어 운반할 수도 없다.

대단지 아파트는 보통 정문과 후문이 따로 있지만 구축 아파트나 1,000세대 중반 정도 되는 아파트는 입구가 하나밖에 없는 곳이 종종 있다. 이런 단지의 상가는 보통 규모가 크지 않다. 건물 하나짜리이거나 상가가 도로를 따라 길게 이어져 있는 경우가 있는데, 후자보다는 전자가 좋다. 건물 하나짜리인 상가는 1층에 점포가 몇 개 존재하지 않는 한편 도로를 따라 일렬로 이어진 상가는 1층에 들어올 수 있는 점포 수가 훨씬 많아지면서 경쟁점이 입점할 수 있는 확률도 높아지기 때문이다.

어쩔 수 없이 그런 상가에 들어가야 한다면 단지 입구에서 최대한 가까운 상가로 계약하도록 하자.

CASE REPORT 1. 항아리 상권

항아리 상권 분석

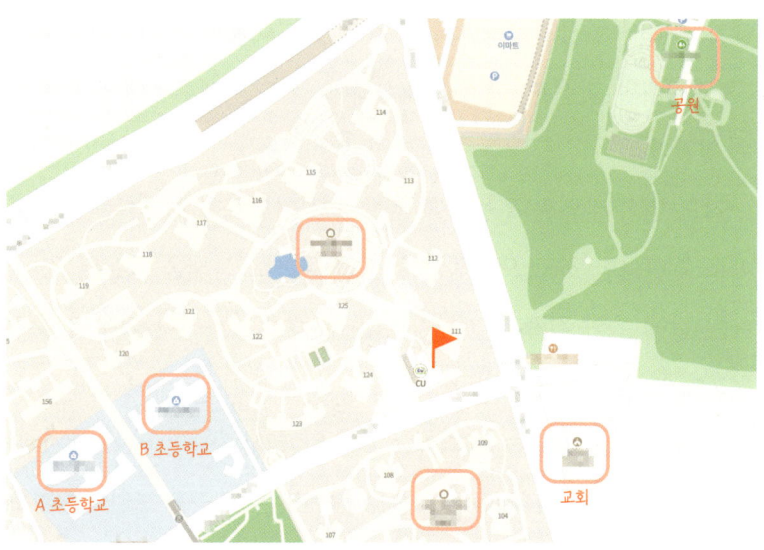

깃발 표시된 곳은 현재 운영 중인 항아리 상권 점포의 위치다. 점포 뒤쪽에 있는 아파트는 약 1,300세대이며 초등학교를 품고 있다. 점포 앞 큰길을 건너면 약 1,000세대 정도의 단지가 있는데 이 단지의 일부도 배후세대로 판단했다. 상권을 분석할 때 일반적으로 점포 앞 큰 도로는 장애물로 취급하지만 지금처럼 왕복 4차선 도로가 있음에도 불구하고 배후세대에 포함한 이유는 이 단지도 항아리 상권에 해당되기 때문이다.

지도에는 표시되지 않았지만 맞은편 아파트 단지도 정문이 하나밖에 없고, 정문 상가에만 편의점이 딱 하나 있다. 따라서 정문 상가와 거리가 먼 뒷동 주민들은 길을 한 번 건너더라도 정문 상가보다 거리가 가까운 우리 점포를 이용하게 되는 것이다. 즉, 앞 단지가 항아리 상권이라는 특징을 역으로 이용한 것이다. 그 결과 1,300세대와 맞은편 단지의 300세대 정도를 배후세대에 포함할 수 있었다.

지도 왼쪽에 있는 초등학교 옆으로도 아파트가 쭉 있는데 그 아파트 주민들이 지도 오른쪽에 있는 공원으로 산책을 나온다. 지나가는 길에 우리 점포가 보이기 때문에 목이 마르거나 더우면 우리 점포에 들르는 경우도 있다.

공원 아래쪽에 있는 교회에는 일요일에 사람들이 많이 오기 때문에 아파트 주민들의 주말 외출로 줄어드는 매출을 보완해주기도 한다.

이 항아리 상권 점포는 '통하는 입지의 특징'을 많이 포함하고 있는 상권이다. 필자의 출근길에 있는 상가이기도 하고 차량으로 15분 정도면 도착할 수 있다. 배후세대가 1,000세대 이상인 단지이면서 입구가 하나밖에 없는 항아리 상권 아파트이고 초등학교를 품고 있는 젊은 세대로 구성된 상권이다. 점포 앞에 잠시 주·정차할 수 있는 공간이 있으며 매출이 높은 편의점 옆에 위치하고 있다. 학원이 많이 입점해있는 상가는 아니지만 그밖에 많은 조건이 충족되었다.

CASE 1 상권 분석	
상권유형	아파트 항아리 상권
배후세대	약 1,600세대 (해당 아파트 1,300세대 + 맞은편 아파트 300세대)
점포와의 거리	집에서 자차로 15분 거리
세대 구성원 연령대	초등학생 자녀가 있는 젊은 세대가 많음
편의점 유무	O
학원가 유무	학원은 있으나 많지 않음 (7개소)
주차 공간 유무	O
매장 평형	10평
임대료	월세 150만 원

항아리 상권의 실제수익

이 점포의 수익은 얼마나 될까? 2021년 1월에 오픈한 이 점포의 월평균 매출은 약 1,600만 원, 연 매출은 약 1억 9,400만 원이다.

아이스크림의 매익률*은 30% 정도이고 세계 과자는 30%를 약간 넘는다. 그밖에도 음료수와 생필품도 함께 팔고 있는데, 계산하기 쉽게 모든 상품의 매익률을 30%로 통일하여 계산해보겠다.

총매출 1억9,400만 원의 30%인 5,820만 원이 매출총이익이고, 이 금액에서 각종 고정비(월세, 공과금 등) 2,880만 원을 빼면, 영업이익은 약 2,940만 원이다.

* 상품 하나를 팔았을 때 판매가 대비 판매자에게 실제로 남는 비율

PART 3. '통하는' 자리를 선점하라

여기에서 각종 세금(종합소득세 등)까지 제하고 나면 연간 순수익은 약 2,800만 원이 된다. 이걸 월 단위로 나누면 매달 230만 원 정도를 가져간다는 결과가 나온다.

이 점포는 매출이 굉장히 높은 점포 중 하나다. 추측건대 전국에 있는 무인 아이스크림 할인점 중에서도 상위 5% 안에는 들 것이다. 따라서 이 사례를 모든 무인 아이스크림 할인점의 매출 표본이라고 일반화할 수는 없다.

오픈 상담을 하다 보면 점포 하나당 얼마 정도의 이익을 볼 수 있냐는 질문을 많이 받는데 지역과 상권, 월세 등을 포함한 고정비

매출월	판매건수(건)	실매출액(원)
2021년 1월	2,786	16,428,000
2021년 2월	2,536	13,793,500
2021년 3월	3,041	14,080,900
2021년 4월	3,442	14,432,600
2021년 5월	3,819	16,718,600
2021년 6월	4,538	18,529,300
2021년 7월	4,591	21,896,200
2021년 8월	4,219	20,661,700
2021년 9월	4,122	17,922,500
2021년 10월	3,616	15,321,600
2021년 11월	2,675	11,432,500
2021년 12월	2,873	12,937,400
합계	42,258	194,154,800

에 따라 다르다고 답변한다. 위 사례에서 확인할 수 있듯 고정비가 매출총이익의 절반을 차지하는 수준이다 보니 결국 고정비를 줄여야 남는 것도 많아진다. 고정비는 점포마다 다르기 때문에 정확한 수치는 아니지만 그래도 월평균 100만 원 이상은 남는다.

누군가는 '내가 2,000만 원가량을 투자했는데 수익이 월 100만 원이면 너무 적은 거 아닌가?'라고 생각할지도 모른다. 그러나 본질은 부업이라는 데 있다. 매일 평균 한 시간 정도를 투자하여 100만 원 정도의 수익을 남긴다는 생각으로 접근하길 바란다.

점포에 투자하는 시간을 생각해보라. 시간 대비 수익률을 따져보면 절대 적은 수익이 아니다. 그리고 점포를 평생 운영하는 게 아니라 잘 키워서 프리미엄을 받고 매매한다면 어떻겠는가? 처음부터 오로지 투자금 회수만 생각한다면 아무것도 하지 못할 확률이 높아진다.

PART 3. '통하는' 자리를 선점하라

CASE REPORT 2. 오피스텔 상권

오피스텔 상권 분석

이번에 소개할 상권은 오피스텔 상권이다. 지도에서 확인할 수 있듯 이 점포도 편의점 바로 옆에 있다. 오피스텔은 A동과 B동으로 나뉘어 있고 두 동을 합해 총 814세대다. 오피스텔 뒤로 600세대 정도 되는 아파트가 있어서 총 1,400세대 정도의 배후세대를 가진 셈이다.

점포 앞으로 큰 길이 있고 대각선 맞은편에 90세대 정도되는 소규모 오피스텔이 있는데 그 근방에 무인 아이스크림 할인점이 없기 때문에 그곳도 타깃으로 포함했다. 따라서 최종 타깃 세대를 1,400세대+α라고 판단했다. 지도 바깥쪽은 대부분 공단이지만 점포 앞 유동인구가 꽤 많은 편이라 낮에도 매출이 제법 있다.

오피스텔 상권은 1인 가구의 비율이 100%라고 봐도 무관할 정도이기 때문에 주 이용객의 특성에 맞춰 상품을 진열한다. 1인 가구 특성상 식품을 쟁여놓지 않고 필요할 때마다 조금씩 사 먹기 때문에 객단가는 오히려 아파트 상권보다 높다.

점포의 위치는 오피스텔 입구 바로 옆으로, 위치 선정이 아주 잘된 케이스다. 오피스텔 주민들이 드나드는 입구 쪽에 점포가 있어야 노출이 더 많이 되고 접근성도 높아지기 때문이다. 비가 오는 날이면 사람들은 우산도 펼 필요가 없는 입구 바로 옆이나 내부에서 연결되는 출입문이 있는 상가를 이용할 확률이 높아진다.

내가 입점하려는 상가가 오피스텔 입구에서 멀리 떨어져 있다면 그 점포는 심사숙고해야 한다. 800세대 규모의 대형 오피스텔이어도 상가의 위치가 구석이라면 접근성이 떨어질 뿐만 아니라 중간에 있는 다른 점포에 고객을 뺏길 가능성이 커진다.

그 정도 규모의 오피스텔이라면 중간에 편의점이 반드시 있을 테고 그밖에도 여러 가지 먹거리를 판매하는 점포가 많을 가능성이 크기 때문이다. 상권 규모만 신경 쓸 게 아니라 다각도 분석이 필요한 이유다.

PART 3. '통하는' 자리를 선점하라

현재 무인점포 업계에서는 오피스텔 상권을 등한시하는 경향이 있다. 하지만 오피스텔 상권은 아파트 상권보다 세대수가 적어도 이용 빈도와 객단가가 높고 경쟁점도 많지 않기 때문에 500세대만 넘어가도 충분히 매력적인 상권이 된다.

요즘에는 웬만한 아파트 상권마다 무인 아이스크림 할인점이 하나씩은 꼭 있다. 이상하다 싶을 정도로 모든 점포가 아파트 상권에만 집중되어있는 상황이다 보니 오피스텔 상권은 아직 블루오션이라고 볼 수 있다. 아파트보다 매출에 필요한 최소 세대수도 적기 때문에 오피스텔 상권을 주의 깊게 살피고 분석하면 수익을 내는 데 유리하다고 말하고 싶다.

CASE 2 상권 분석

상권유형	오피스텔 상권
배후세대	약 1,400세대 (해당 오피스텔 814세대 + 뒤편 아파트 600세대)
점포와의 거리	1분 이내 (점주가 해당 오피스텔에 거주)
세대 구성원 연령대	1인 가구의 젊은 연령대가 많음
편의점 유무	O
학원가 유무	X
주차 공간 유무	X
매장 평형	13평
임대료	월세 170만 원

오피스텔 상권의 실제 수익

오피스텔 점포의 매출자료를 살펴보자. 이 점포는 2021년 4월에 오픈해서 5월부터 본격적인 매출이 발생했다. 연간 총매출은 2억700만 원으로, 앞서 소개한 항아리 상권 점포보다 매출이 크다. 동일하게 매익률 30%를 적용하여 계산하면 매출총이익은 약 6,200만 원이다.

이 점포는 월세, 공과금 등을 포함한 고정비가 약 3,300만 원이다. 이걸 빼고 나면 영업이익은 약 2,800만 원이 된다. 매출이 크지만 고정비 비율도 커서 영업이익이 많이 줄었다. 앞서 강조했듯 이

매출월	판매건수(건)	실매출액(원)
2021년 5월	3,355	19,427,700
2021년 6월	3,867	22,554,100
2021년 7월	4,281	26,339,200
2021년 8월	3,771	20,458,200
2021년 9월	3,229	16,966,300
2021년 10월	3,071	15,848,800
2021년 11월	2,656	13,273,100
2021년 12월	2,648	13,669,400
2022년 1월	2,606	14,240,000
2022년 2월	2,389	13,379,000
2022년 3월	2,844	15,223,400
2022년 4월	3,107	15,891,100
합계	37,824	207,270,300

PART 3. '통하는' 자리를 선점하라

부분을 어떻게 줄이느냐가 수익률을 상승시키는 데에 핵심 요소일 것이다.

영업이익에서 세금 등을 제한 연간 순수익은 약 2,600만 원이고 이걸 12개월로 나누면 월 순수익이 약 215만 원이므로 매출이 잘 나오는 점포에 속한다.

1인 가구수는 더욱 증가하고 출산율은 하락하는 추세다. 아파트 상권이 가진 큰 장점인 어린 손님들의 수는 갈수록 줄어들 것이다. 한편 오피스텔 같은 1인 가구 집합체의 연령대는 균일하고 지속적으로 유지될 수밖에 없다. 상대적으로 높은 객단가, 잦은 이용 빈도 등 다양한 시각에서 판단할 때, 오피스텔 상권은 유망한 상권임을 강조하고 싶다.

CASE REPORT 3. 로드 상권

로드 상권 분석

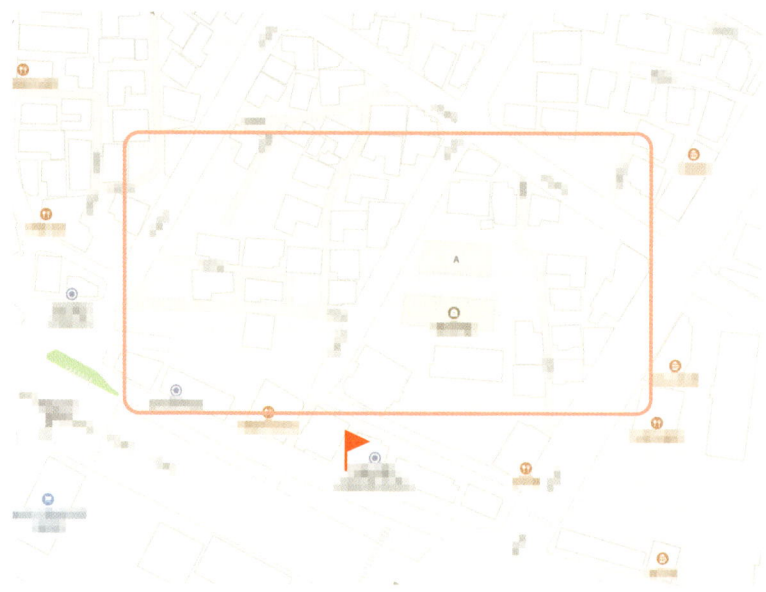

　마지막으로 소개할 곳은 지방의 로드 상권(길거리 점포)에 위치한 점포로, 필자가 오픈한 점포 중 매출이 가장 적은 점포다. 지도를 보면 점포 뒤쪽으로 빌라와 주택이 넓게 형성되어 있다.
　옆 건물에 장사가 잘되는 식당이 하나 있는데 이곳 손님들이 귀갓길에 아이스크림을 하나씩 구매해 가는 것이 추가 매출을 일으키기는 해도 매출 상승에 기여할 만큼 크지 않고 애초에 전체 배후 세대가 적다.

PART 3. '통하는' 자리를 선점하라

점포 앞으로 왕복 4차선 도로가 있어서 이곳을 지나가던 사람들이 종종 유입되어 들어온다. 점포 앞으로 널찍한 주차 공간이 있어 차량 이동 중에 잠시 방문하는 사람들도 간간이 있다.

로드 상권은 대개 매출이 저조한 편이다. 이 점포도 마찬가지로 매출이 크지는 않지만 고정비(특히 월세)가 저렴하기 때문에 순이익은 나쁘지 않다. 앞서 오피스텔 상권과 대조되는 사례라고 할 수 있다.

CASE 3 상권 분석

상권유형	로드 상권
배후세대	약 400세대 (+차량 유동인구)
점포와의 거리	20분
세대 구성원 연령대	10대부터 60대까지 다양함
편의점 유무	X
학원가 유무	X
주차 공간 유무	O(넓음)
매장 평형	10평
임대료	40만 원

로드 상권의 실제 수익

로드 상권 점포의 매출자료를 살펴보자. 이 점포는 2021년 4월에 오픈하여 5월부터 본격적인 매출이 발생했다. 연간 총매출은 약 9,000만 원으로 앞서 등장한 두 점포의 절반도 채 되지 않는다.

매익률 30%를 적용하면 매출총이익은 3,000만 원이다. 마찬가지로 앞서 나왔던 두 점포에 비하면 적은 액수다. 그런데 월세가 저렴한 지역이기 때문에 고정비가 다른 점포에 비해 적어 이를 제하고 나니 1,800만 원의 영업이익이 났다. 마지막으로 각종 세금까지 납부하고 나면 연간 순수익은 1,700만 원으로 매달 140만 원 정도가 남는다.

이 사례에서도 확인할 수 있듯 상권 선택 다음으로 중요한 요소는 고정비다. 전기세는 어쩔 수 없는 부분이지만 월세는 가능하면 최대한 저렴하게 조율할수록 순수익을 높이는 데 유리하다.

매출월	판매건수(건)	실매출액(원)
2021년 5월	1,316	7,482,100
2021년 6월	1,693	9,725,400
2021년 7월	1,837	11,310,300
2021년 8월	1,727	9,654,300
2021년 9월	1,499	8,351,700
2021년 10월	1,402	6,831,700
2021년 11월	982	5,339,200
2021년 12월	1,011	5,565,100
2022년 1월	1,077	6,275,600
2022년 2월	821	5,277,100
2022년 3월	965	6,698,300
2022년 4월	1,151	7,495,200
합계	15,481	90,006,000

PART 3. '통하는' 자리를 선점하라

10만 원이라는 금액은 수익률 측면에서 보면 큰 차이가 아니지만 순수익 10만 원을 남기기 위해서는 아이스크림 100만 원어치에 해당하는 매출이 나와야 한다. 냉동고 하나를 가득 채우고도 조금 더 되는 엄청난 양이다. 따라서 월세 계약을 할 때 단돈 5만 원이라도 저렴하게 계약할 방법을 찾아야 한다. 물론 꼼꼼한 분석을 통해 상권에 대한 확신을 갖는 것이 최우선 과제가 될 것이다.

유망한 특수상권 소개

무인점포 종사자 사이에서도 이제야 조금씩 알려지기 시작한 상권이 바로 지금부터 소개할 '학교 매점'이다. 정확히 '상권'이라고 부르기에는 약간 애매하지만 일반적인 상권과 명확히 구분되는 특징이 있으니 편의상 '특수상권'으로 소개하겠다.

특수상권은 고객을 독점하는 경우가 많은데 병원에 있는 매점, 야구장이나 축구장 같은 경기장 안에 있는 편의점이 대표적이다.

마찬가지로 학교 매점도 고객을 독점한다고 볼 수 있다. 방학 기간과 야간, 주말에는 매출이 없거나 저조하다는 단점이 있지만 영업 시간 동안에는 독점 효과를 톡톡히 누릴 수 있다. 가두리 양식장같이 완벽하게 갇힌 고정 고객이 있다는 점이 굉장히 매력적인 데다, 기숙사가 있는 학교라면 야간 및 주말 매출까지 보장되기 때문에 단점이 보완된다.

학교 매점은 공공기관이다 보니 일반 상가처럼 매매나 임대차계약을 하는 게 아니라 '공공자산 공개입찰'을 통해 접근해야 한다. 공공기관의 자산은 한국자산관리공사에서 운영하는 온라인 공공자산 처분시스템 '온비드(www.onbid.co.kr)'에 정보가 올라온다. 공고가 언제 올라올지 모르니 수시로 사이트를 방문하여 검색해 보기를 권한다. 웹브라우저의 홈화면을 온비드로 설정해놓고 매일 검색해 보는 것도 좋다. 학교 매점 외에 관공서 안에 있는 점포도 이곳에 올라오니 적극적으로 검색해서 조건에 맞는 곳을 찾아보자.

특수상권의 입지도 타 상권을 보는 기준과 비슷하다. 쉽게 도달할 수 있는 거리에 있는지, 잘 아는 지역인지, 그 기관을 구성하는 사람들의 연령대나 집단의 특성이 내가 선택한 아이템과 잘 어울리는지에 대해 분석하는 것이다.

코로나 사태로 인해 학교가 원격수업, 격주수업 등을 실시하면서 운영이 어려워진 학교 매점이 입찰 공고에 많이 올라오고 있기 때문에 기회를 잘 잡는다면 긍정적인 결과를 기대할 수 있다.

공공기관에 입점해 있는 점포는 보통 1년 치 월세를 한꺼번에 내는 '연세'의 형식을 따르기 때문에 초기에 보증금을 내기 위해 목돈을 마련할 필요가 없다. 게다가 연세도 부담스럽지 않은 수준(보통 100만 원 초반대)이라 점포를 오픈하는 데 들어가는 전체 비용을 크게 줄일 수 있다. 또한, 초기 투자비용이 줄어든 만큼 아껴진 자금으로 점포 수를 늘릴 기회도 열린다.

이런 상권에서는 정해진 시간에만 점포를 운영하도록 시간을 제한하는 경우도 있다. 그러면 24시간 운영에 대한 부담이 줄면서 심적 안정감을 준다. 일반 상권에서는 점포를 24시간 운영하기 때문에 언제 무슨 일이 생길지, 어떤 전화가 올지 몰라 항상 신경을 써야 한다. 하지만 운영 시간이 정해져 있고 그 시간에 맞춰서 점포 문을 닫아야 한다면 영업종료 후에는 완전한 자유의 시간이 되면서 마음이 가벼워진다. 뿐만 아니라 대부분 카드 전용 키오스크를 사용하기 때문에 현금을 수거하고 잔돈을 채워 놓는 등의 관리업무가 줄어든다.

학교 매점은 쉬는 시간이나 점심시간처럼 학생들(고객들)이 많이 몰리는 상황에서 신속한 결제가 중요하다. 키오스크가 부족하면 학생들이 결제를 기다리다 쉬는 시간이 끝나 구매를 못하고 돌아갈 수도 있고 물건을 그냥 가지고 나가버리는 경우도 발생할 수 있다. 좋은 물건을 보니 나쁜 마음이 생기는 '견물생심見物生心'이 아니라 결제가 빠르게 안 되니 나쁜 마음이 생기는 '결무생심決無生心'이 생길 수 있다는 것이다.

따라서 학교 매점에 입점한다면 카드 전용 키오스크를 여러 대 구비하기를 권장한다. 카드전용 키오스크는 현금 겸용 키오스크보다 훨씬 저렴해서 여러 대 운영하는 것이 크게 부담되지 않을 것

PART 3. '통하는' 자리를 선점하라

이다. 결제 정체 현상이 발생하지 않도록 키오스크를 최소 두 대 이상, 규모에 따라 많게는 네 대까지 여유 있게 구비해 둘 필요가 있다.

특수 상권의 예상 수익

특수상권의 수익은 어디까지나 예상치임을 고려해주길 바란다. 학교 매점의 일 매출을 40~50만 원 정도로 보고 연간 수업일수를 200일로 잡으면 연 매출은 8,000만 원~1억 원이 된다. 일반 상권과 동일하게 매익률 30%로 계산하면 매출총이익은 2,400~3,000만 원이 된다.

여기서 각종 고정비(월세, 전기세, 기타비용)를 빼면 600~1,200만 원이 영업이익이 될 것이고 각종 세금까지 제하면 연간 순수익은 500~1,000만 원 정도가 될 것으로 예상된다.

'수익이 너무 적은 거 아닌가?'라고 생각할 수 있지만 이 수치는 굉장히 보수적으로 계산된 것임을 참고하기 바란다. 또한, 야간 및 주말 매출은 계산에 넣지 않았기 때문에 기숙사가 있거나 야간 자율학습이 있는 학교라면 수익은 그 이상으로 나올 것이다.

게다가 오픈에 드는 비용을 절약할 수 있기 때문에(독점상권이므로 외부, 내부 인테리어에 특별히 신경 쓸 필요가 없다) 투자금이 적다는 점을 감안하면 수익률이 적다고 볼 수 없다. 일반 상권에서 점포 하나를 오픈하는 비용으로 특수상권에서는 점포 두 개를 오픈할 수 있다는 자금상 장점이 있기 때문이다.

지금까지 필자가 소개한 상권 유형을 정리해보자. 먼저 아파트 상권은 실패확률이 가장 낮은 안정적인 상권이기에 누구에게나 무난하게 권할 수 있는 상권이었다.

'블루오션'이라고 소개했던 오피스텔 상권은 무인점포가 무분별하게 출점하고 있는 상황의 영향을 비교적 덜 받은 데다 필요 세대 수도 적으며 이용 빈도와 객단가 측면에서 장점이 많아 적극 추천했다.

한편 로드상권은 고정비가 적다는 장점은 있지만 배후세대가 아주 많은 지역이 아니라면 웬만해서는 권하고 싶지 않은 상권이라고 설명했다.

상권을 보는 눈은 발품을 많이 팔아야 생긴다. 발품을 팔기 어려운 상황이거나 본인의 판단에 신뢰가 없다면 매출이 잘 나오는 점포를 인수하는 것도 나쁘지 않다. 오픈할 만한 자리가 없다면 위험을 감수하면서까지 신규 오픈할 필요는 없지 않을까? 거주지 기준 차량으로 15~20분 이내에 있는 잘되는 무인점포를 인수하여 안정적이고 꾸준한 수익을 확보하는 것도 하나의 방법이다.

물론 잘되는 곳은 프리미엄 비용이 별도로 들어가겠지만 상권을 열심히 분석해서 오픈한 점포가 예상보다 매출이 적게 나오거나

PART 3. '통하는' 자리를 선점하라

적자가 난다면 더 큰 손해를 감수해야 한다.

바로 앞에서 소개했던 특수상권도 주목하자. 점포 하나를 오픈하는 비용으로 두 개를 오픈할 수도 있고(실제로는 두 개를 오픈하는 비용보다는 약간 더 보태야 하지만) 상대적으로 손이 덜 가는 점포를 확보할 수 있다.

상가 계약하기

거주지 근처에 내가 세운 기준에 딱 맞는 상가가 있다면 망설이지 말고 임대차계약을 진행해야 한다. 충분히 고민하여 선택해야 겠지만 필자가 앞서 제시한 입지 조건에 부합하는 요소가 많은 상권이라면 어서 부동산에 전화해 계약 날짜를 잡아라.

계약서를 쓰기 전에 부동산에서 계약금을 걸어놓으라고 할 것이다. 보통 보증금의 10%가 계약금으로 책정되는데 예금주가 등기사항전부증명서상의 주인인지 정확히 확인하고 입금하자.

또 하나 주의해야 할 것은 간혹 상가 자체 규약이 있거나 법인이 상가 전체를 소유하고 있는 경우에 '한 상가 안에 동종업계는 들어올 수 없다'와 같은 조건이 있을 수 있다는 점이다. 부동산을 통해 입점 및 영업행위에 이상 없음을 확인하고 가능하면 임대차 계약서상에도 표기해놓자.

부동산 업계 관습상 존재하는 '렌트프리rent free'라는 개념도 반드시 확인해야 하는 부분이다. 렌트프리란, 영어 뜻 그대로 임대료를 받지 않고 무상으로 상가를 임대해주는 것을 의미한다. 이 부분은 임대인에 따라 다르니 상가의 상태나 공실 기간 등을 종합적으로 고려해서 합리적인 선에서 요구하자.

필자는 최대 3개월까지 렌트프리 기간을 받은 적도 있다. 공실 기간도 길었고 상가 상태가 나빠 공사가 필수인 상황이었다. 덕분에 공사에 드는 비용을 렌트프리 기간에 아껴진 월세로 충당했다. 코로나 사태로 인해 공실 상가가 많이 생기면서 렌트프리 기간을 여유있게 주는 임대인들이 있으니 눈치를 잘 봐서 최대한 확보하자.

렌트프리와는 별개로 계약 개시일을 늦추어 그 기간을 활용하는 방법도 있다. 임대인에 따라 계약 개시일 전에 미리 들어가서 공사를 진행할 수 있도록 허락 해주는 경우가 있다. 상황에 맞춰서 이 방법을 써보자. 운이 좋으면 계약 개시일은 계약서 작성일로부터 2주 뒤부터로 설정하고, 계약 개시일로부터 렌트프리 2주를

> **작가의 꿀팁**
>
> 계약시 챙겨야 할 사항들을 정리해보자
> 1. 계약금 입금시 예금주 이름 확인
> 2. '동종 업계 입점 금지' 조항이 있는지 확인
> 3. 렌트프리나 계약 개시일 이전 공사 시작이 가능한지 확인

주어 총 4주의 시간을 확보할 수 있다.

　상가 계약이 정상적으로 이루어졌다면 이제부터는 진짜 시작이다. 지금부터 수익이 나는 나만의 점포를 만들어보자!

PART 3. '통하는' 자리를 선점하라

─ INSIGHT ─
경매로 상가 마련하기

간혹 경매를 통해 상가를 낙찰받아서 임대가 아닌 '내 상가'에 점포를 오픈하면 어떻냐고 물어보는 분들이 있다. 아마 경매를 조금 알거나 직접 해보신 분일 거다.

물론 내가 선택한 무인 아이템과 잘 맞아떨어지는 자리에 경매 물건이 나와서 좋은 가격에 낙찰을 받는다면 그 이상 좋을 것은 없다. 하지만 입지가 성패의 90% 이상을 담당하는 무인점포의 경우 모든 조건이 맞아떨어지기에는 상당한 어려움이 따른다.

좋은 가격에 낙찰을 받으려면 최소 한 번 정도는 유찰이 되어야 할 텐데, 그 자리가 누가 봐도 욕심나는 좋은 자리라면 유찰 없이 바로 낙찰될 확률이 높다. 그러면 임대 보증금보다 상가 낙찰금이 훨씬 더 커져버리는 상황이 생길 수 있다. 그 결과 투자금이 오히려 더 높아지고 무인창업의 가장 큰 장점인 '소자본 창업'이 아니게 되면서 창업이 부담스러워진다. 낙찰을 받았더라도 대출까지 끌어다 무리해서 점포를 운영하면 수익에 대한 압박이 더 커지고 스트레스는 가중된다.

　필자는 이야기하고 싶다. 경매에 탁월한 자질을 가지고 있거나 경험이 많은 경우가 아니라면 경매로 무인점포용 상가를 마련하겠다는 생각은 접으라고 말이다. 경매 분야를 충분히 공부하고 풍부한 경험과 자본금이 준비된 뒤에 고민해도 늦지 않다. 무인점포의 걸음마를 떼는 당신에게 경매의 기술까지 끌어오는 건 무리라고 힘주어 이야기하고 싶다.

PART 4

'하나뿐인' 나만의 점포를 준비하라

나만의 브랜드로
점포 오픈하기

상가를 계약했다면 이제부터 세상에 하나뿐인 나만의 브랜드와 공간을 만들어보자. 이번 장에서는 프랜차이즈 업체를 이용하지 않고 독자적인 브랜드를 만들어 1년 6개월간 11개 점포를 오픈하는 과정에서 쌓은 노하우를 단계별로 소개한다.

상권 분석에서와 마찬가지로 무인 아이스크림 할인점을 중심으로 설명할 텐데, 다른 무인 아이템으로 개점하는 과정도 세부사항과 비용의 차이만 있을 뿐 주요 절차와 핵심은 비슷하기 때문에 이번 장을 통해 도움을 받을 수 있을 것이다.

독자 여러분은 '무인 아이스크림 할인점'하면 떠오르는 이미지가 있는가? 아마 단조로운 간판과 냉동고 대여섯 개를 들여놓은 휑한 느낌의 점포가 떠오를 것이다. 특별히 어느 지점이 그렇다고 할 것도 없이 모든 점포가 비슷비슷하다. 이 말은 각 점포가 가진 고유의 특징이 없다는 의미이기도 하다.

무인 아이스크림 할인점 창업을 준비하며 비슷한 점포 사이에서 내 점포가 조금이라도 소비자의 눈에 띌 방법이 무엇인지 끊임없이 고민했다. 가장 쉬운 차별화 방법은 특별한 상품을 판매하는 것이지만 무인점포에서 판매하는 상품은 대부분 대기업 제품이거나 도매업체에서 수입한 상품이라 누구나 제한 없이 취급할 수 있다. 따라서 특별한 상품으로 차별화하겠다는 생각은 접어야 했다. 생각에 생각을 거듭한 끝에 브랜드 로고와 점포 분위기를 다른 곳과 완전히 다르게 꾸며보자는 생각에 이르렀다.

지금부터 필자가 어떤 과정을 통해 프랜차이즈 업체를 이용하지 않고 독자적인 브랜드를 만들어 점포를 오픈할 수 있었는지 그 과정을 단계별로 소개하겠다.

상호 및 로고 선정

본격적으로 개점 준비를 시작하기에 앞서 가장 먼저 해야 할 일은 상호와 로고를 만드는 일이다. 내 점포, 내 브랜드를 나타내는 개성있는 표식을 만드는 것이다.

우선 점포의 이름이 될 상호를 정해야 하는데 상호를 정할 때는 '상표 등록'을 염두에 두고 진행해야 한다. 너무 흔한 이름이나 대기업 브랜드와 중복되는 경우 상표 등록이 거절될 수 있으니 그런 이름은 피해야 한다.

이때 한국특허정보원에서 운영하는 사이트인 '키프리스(www.kipris.or.kr)'에서 내가 정한 상호를 누군가가 이미 상표로 등록하지 않았는지 검색해보면 도움이 된다.

상호를 정했다면 그에 어울리는 로고를 만들 차례다. 주변을 둘러보면 간판에 아무런 이미지 없이 상호만 덜렁 적어놓은 무인 아이스크림 할인점이 많다. 물론 그렇게 단순하게 간판을 제작하는 것이 틀린 방식이라고 할 수는 없다. 그러나 '고객과 점포의 첫 대면'이라고 할 수 있는 간판을 대충 만드는 것은 점포에 대한 애정과 성의가 담겨있지 않을 뿐만 아니라 브랜드 가치를 떨어뜨리는 일이라 여겨졌다. 그래서 상호와 잘 어우러지면서 브랜드 분위기를 잘 담은 로고를 만들고 싶었다.

디자인 분야에 종사하는 지인이 있다면 부탁해도 되지만 최선을 다해 정성껏 만들어준 디자인이 마음에 들지 않을 경우 거듭되는 수정 요청이 불편할 수 있으니 주의해야 한다.

필자는 디자인플랫폼 '라우드소싱(www.loud.kr)'에 유료로 의뢰했다. 라우드소싱에 자신이 원하는 컨셉과 이미지에 대한 설명, 참고할 만한 자료들을 올리면 해당 사이트에 등록된 여러 디자이너가 각기 다른 디자인을 가지고 의뢰인에게 제안하는 방식으로 경쟁을 하게 된다. 채택된 디자이너가 상금(의뢰비)을 가져가는 콘테스트 형식으로 진행되기 때문에 여러 시안을 보고 결정할 수 있다는 장점이 있다.

마음에 드는 로고가 제작되었다면 로고와 상호를 같이 묶어 상표 등록을 진행하자. 단순히 텍스트만으로 구성된 상호로 신청할 경우 상표 등록이 거절될 확률이 높고, 상호와 로고를 붙여서 상표 출원을 하는 편이 비교적 수월하다. 참고로 출원부터 등록까지 꽤 오랜 시간이 소요되니(1년 이상), 로고와 상호가 결정되면 상표 등록 절차를 되도록 빠르게 시작하는 게 좋다.

> **작가의 꿀팁**
>
> 변리사 비용은 대략적으로 다음과 같다.
>
> 출원비 : 20~30만 원(특허청 비용 포함)
> 등록비 : 30~40만 원(특허청 비용 포함)
>
> *특허청 비용을 제외하면 나머지는 변리사 수수료이므로 아는 변리사가 있는 경우 유리하다

상표 등록 과정은 혼자서 진행할 수도 있지만 자칫하면 보장 범위가 좁아질 수 있으니 변리사에게 의뢰하도록 하자. 비용이 약간 발생하지만 확실하고 정확하게 권리를 보장받을 수 있으며 신속한 진행이 가능하다. 앞으로 개점까지 갈 길이 멀다. 셀프로 상표 등록을 하려고 아까운 시간을 쓰지 말자.

라우드소싱을 통해 제작한 다양한 로고들

PART 4. '하나뿐인' 나만의 점포를 준비하라

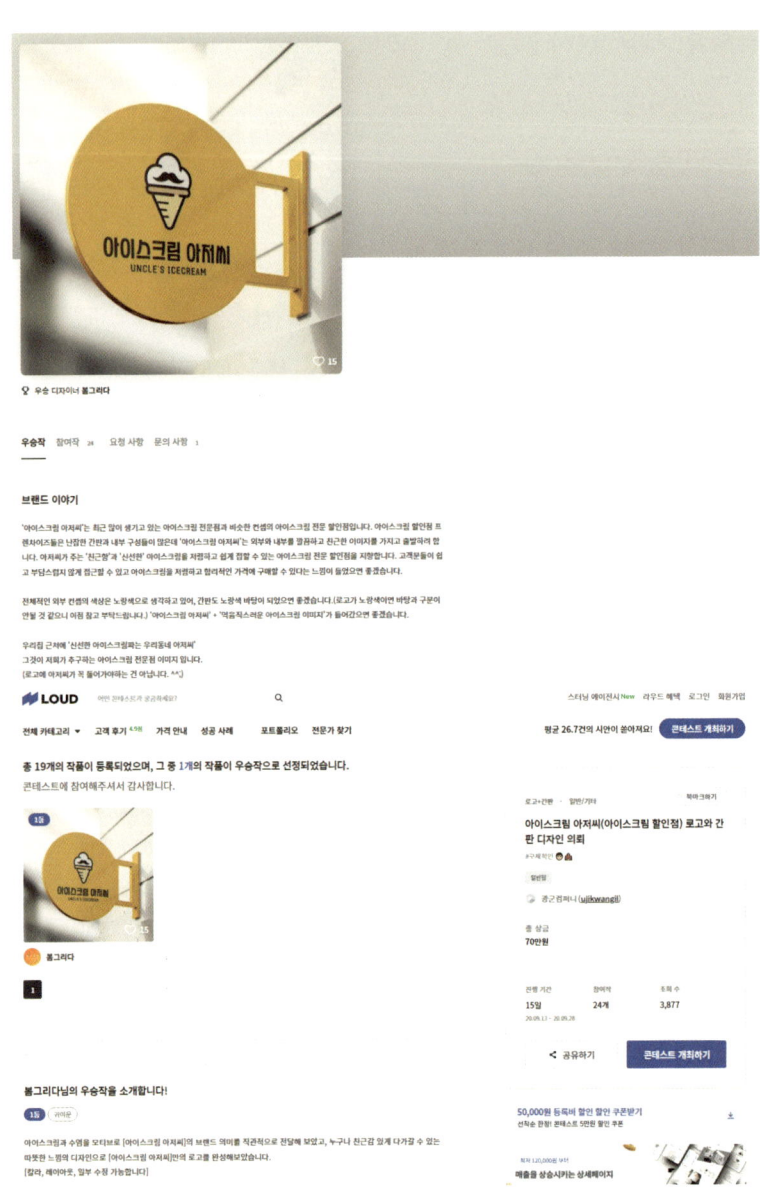

필자가 진행했던 '아이스크림 아저씨' 로고 제작 의뢰 페이지

돈되는 소자본 무인창업

점포 컨셉 결정

점포 외부

　상호와 로고를 제작하여 상표 등록 절차까지 마쳤다면 본격적으로 점포를 구체화할 차례다. 내가 생각한 점포 외관 모습을 떠올려보고, 간판 제작 의뢰 전에 직접 그림으로 그려 보자. 머릿속에 있는 이미지를 구두로 아무리 잘 설명한다 해도 듣는 사람(간판 업체)에게 그것이 완벽히 전달되는 데에는 한계가 있기 때문이다.
　점포 외부는 사람으로 치면 얼굴이라는 생각으로 진행해야 한다. 다음 그림 중 왼쪽 그림은 필자가 간판 업체에 전달한 스케치다. 그림 실력이 뛰어나지 않아도 내가 생각한 이미지를 최대한 정확히 표현하기만 하면 된다.

사람들 눈에 잘 띌 수 있도록 바탕을 노란색으로 선택했고, 최대한 심플하게 연출하고자 노력했다. 이 스케치를 간판 업체에 전달하니 오른쪽 이미지처럼 시안이 제작되었다. 이후에 수정을 여러 번 반복한 끝에 첫 번째 점포의 전면이 완성되었다. (117쪽 사진)

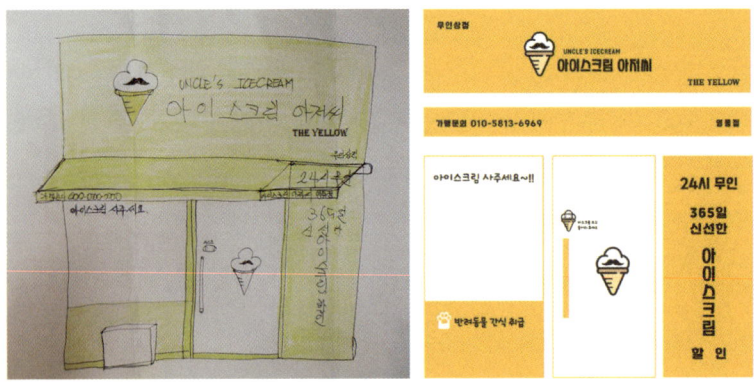

무인 아이스크림 할인점은 저녁에 매출이 집중되기 때문에 간판과 외부 조명이 상당히 중요하다. 아무 생각 없이 그냥 지나가던 사람의 눈길도 끌 수 있을 만큼 가시성이 높아야 한다.

처음에는 왼쪽 사진처럼 간접조명만 사용했는데, 조금 더 눈에 띄도록 간판 위쪽에 투광기 세 개를 달았더니 오른쪽 사진처럼 분위기가 훨씬 밝아졌다. 단, 투광기를 설치하면 점포를 돋보이게 할 수 있는 한편 야간에 밝은 조명으로 인해 주민에게 피해를 줄 수 있으니 이점을 주의해야 한다.

점포 내부

외부에서 고객의 눈길을 사로잡아 점포까지 들어오도록 만들었으니 이번에는 내부에서 고객의 마음을 사로잡아 지속적인 방문으로 이어지도록 해보자. 필자가 출범한 브랜드의 메인 컬러는 노란색이다. 밝은 색이 눈에 잘 띄기도 하고 노란색을 사용하여 추운 겨울철 따뜻하고 아늑한 분위기를 연출할 수 있다는 장점도 있어 선택했다.

타 브랜드의 경우 아이스크림 매출이 높은 여름철만 겨냥하여 시원한 느낌의 파란색이나 흰색을 사용하는 경우가 많다. 하지만 점포 분위기가 특정 계절에만 집중되도록 하기보다는 사시사철 언

PART 4. '하나뿐인' 나만의 점포를 준비하라

제든 떠오르길 바라는 마음으로 컨셉을 결정했다.

내부 조명 또한 노란 전구색을 사용해서 컨셉을 통일시켰다. 앞서 언급했듯 무인 아이스크림 할인점은 다른 점포와 차별화가 어렵기 때문에 눈에 띄는 간판과 깔끔하게 관리된 실내 분위기로 차이를 두고자 했다.

다음은 필자가 운영하는 점포의 사진이다. 사진에서 확인할 수 있듯 노란빛 레일 조명을 설치하여 외부와 내부 전체 분위기에 통일감을 주었다. 키오스크 대기화면, 비닐봉투, 쓰레기통, 심지어 영수증 용지까지 모두 노란색으로 통일하였다.

인테리어

레이아웃 잡기

전체 분위기를 결정했다면 이번에는 각종 설비를 들여오기 전 실내 인테리어를 구상해보자. 아이스크림 할인점은 보통 10평 내외인 경우가 많기 때문에 이 넓지 않은 공간을 최대한 효율적으로 활용하기 위해서는 정확한 설비 배치가 중요하다.

설비 크기를 정확히 알고 있다면 바닥에 자를 대고 연필로 직접 그어보거나 포토샵, 파워포인트와 같이 익숙한 프로그램으로 도면을 만들어보는 등 여러 방식으로 배치를 해볼 수 있다. 하지만 어떤 방식을 사용하더라도 오차가 발생하지 않도록 주의해야 한다.

아주 미세한 오차로 인해 설비 배치를 완전히 바꾸어야 하는 상황을 초래할 수도 있기 때문이다.

이때 유용한 프로그램이 바로 '캐드CAD'다. 캐드는 건축 설계에 사용하는 프로그램으로, 사용법이 간단하고 정확도가 뛰어나 평면 설비 배치에 효과적이다. 우리에게 필요한 것은 입체적이고 복잡한 건축 도면이 아니기 때문에 조금만 공부하면 간단한 도면은 누구나 그릴 수 있다.

다음 도면은 필자가 무인창업을 시작하고 가장 처음 오픈한 다섯 평 정도 되는 점포의 캐드 도면이다. 캐드 프로그램에 점포의 가로, 세로 크기를 입력하고 각 설비의 크기를 입력해 넣은 다음 콘센트나 조명의 위치를 설비와 겹쳐 놓고 종합하여 그린다. 그다음 이동 동선과 남는 공간을 고려하여 각종 설비를 이동시키면서 최적의 레이아웃을 뽑아내면 된다.

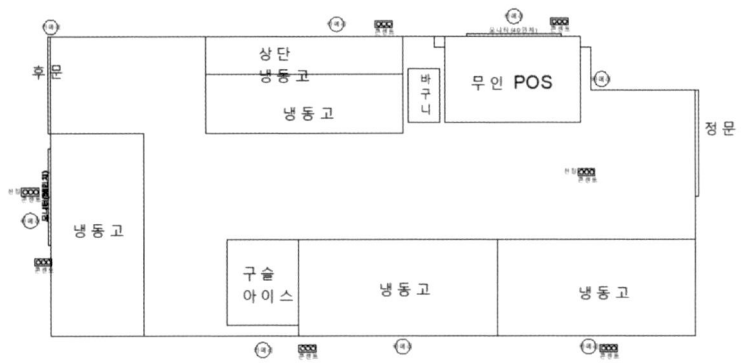

설비도면, 전기공사도면, 조명공사도면, CCTV 도면까지 총 네 개의 도면을 준비해두자.

추후 공사를 진행하거나 설비가 들어올 때 만들어 둔 도면을 각 공사 담당자에게 전달하면 현장에 직접 머물러야 하는 시간을 줄일 수 있다. 낮에는 회사에 있어야 한다는 제한사항이 있으므로 만들어둔 도면을 전달하면 의사소통이 편해진다. 도면을 최대한 상세하게 만들어 놓고 모호하거나 이해가 안 되는 부분만 담당자와 소통하면 되니 빠르고 순조롭게 진행할 수 있다.

> **작가의 꿀팁**
>
> 정식 캐드 프로그램을 구매하려면 비용 부담이 꽤 크다. 그러니 점포 오픈을 위해 무료체험판을 활용하자.
>
> 오토캐드 홈페이지 (https://www.autodesk.co.kr)에서 무료체험판을 다운로드 받으면 30일간 무료로 사용해볼 수 있다.

전기공사

인테리어를 할 때 가장 먼저 진행해야 하는 공사는 각종 설비와 조명 등을 설치하는 데 필수적인 전기공사다. 전기공사는 본인이 조금 안다거나 눈대중으로 배웠다고 직접 진행해서는 안 된다. 다른 건 몰라도 전기공사는 반드시 전문가에게 맡겨야 한다. 여기서 전문가란 공식적인 전기공사업 면허가 있는 사람을 의미한다.

앞서 만들어 놓은 도면을 사전 미팅 때 작업자에게 전달하면 되는데 비전문가인 우리가 어설프게 만든 도면이다 보니 전문가가 보기에는 분명히 누락되었거나 부족한 정보가 많을 것이다. 따라서 전기공사를 진행하는 분과 최소한 공사 시작 전에 한 번, 공사가 시작되는 날 한 번 정도는 현장에서 만나는 것이 좋다.

사전 미팅 때 아무리 자세히 설명했다고 하더라도 작업자가 100% 이해하기에는 한계가 있으니 공사 당일에는 반차라도 내서 반드시 현장 진행 상황을 확인하자.

전기공사는 정해진 일정에 따라 정확히 마무리되어야 한다. 10평 미만인 경우 대개 하루면 충분한데, 평수가 넓고 작업량이 많으면 이틀까지 걸릴 수 있다. 정해진 시간 안에 완벽하게 끝내는 것을 목표로 사전 미팅 때 '빡세게' 주문하라.

모든 공사가 마찬가지지만 사전에 협의한 부분 외에 즉석에서 추가 작업을 요청하면 일정에 차질이 생길뿐만 아니라 추가 비용이 발생하니 사전 미팅 전에 담당자에게 전달할 점포 이미지 구상을 완벽히 끝내놓는 것이 좋다. 하지만 인간은 실수를 하는 동물이기에 작업 진행 중에라도 추가로 생각나는 것이 있다면 너무 스트레스받지 말고 추가 비용을 지불하고 마음 편히 진행하자.

무인 아이스크림 할인점에는 기본적으로 냉동고가 많이 들어가기 때문에 전기 사용량이 많아 '전기증설' 공사가 별도로 필요하다. 10평 점포를 기준으로 여유있게 12kW로 증설하면 된다. 기본 5kW

까지는 별도 비용 없이 전화 한 통 만으로도 증설이 가능하고, 여기에 7kW를 추가로 증설하는 개념이 된다.

전기공사 업자 중에서도 증설공사까지 진행할 수 있는 사람과 할 수 없는 사람이 있기 때문에 전기공사 사전 미팅 시에 이 부분에 대한 협의도 필요하다. 증설공사가 가능한 작업자라면 기본 전기공사 비용에 증설공사 비용을 합쳐 할인을 받을 수 있는 부분이 생기지만 다른 업자가 해야 한다면 정해진 비용을 지불해야 한다.

전기증설에 드는 대략적인 비용은 다음과 같다. 우선 한전에 무조건 내야 하는 한전불입금이 1kW당 10~12만 원 정도 된다. 그런데 이 금액은 지역별에 따라, 가공지역(전기선을 전봇대로 끌어온 지역)인지 지중지역(전기선을 땅에 매립한 지역)인지에 따라 차이가 있기 때문에 자세한 사항은 한전에 문의해야 정확히 알 수 있다.

여기에 전기증설 작업비가 1kW당 10만 원 정도 든다. 작업비는 업체에서 정하기 나름인데, 수차례 공사를 해본 결과 대부분 저 금액대에서 견적이 나왔다. 증설량이 커질수록 협의할 수 있는 폭이 생긴다. 작업비는 표준요금이 정해진 것이 아니라 업체의 면허수수료 개념이기 때문에 협의가 잘 될 경우 조금 더 깎을 수도 있다.

전기를 12kW로 증설하는 데 들어가는 비용을 정리해보면 한전불입금 70여만 원에 증설 작업비 70만 원 정도로 대략 150만 원 정도가 든다고 할 수 있다.

간혹 전기증설 공사가 필요 없는 두 가지 운 좋은 경우가 있다.

전 임차인이 이미 증설을 해놓은 경우, 그리고 상가 전체에서 전기 용량을 공동으로 사용하는 경우다. 전자는 말 그대로 전 임차인이 전기증설 공사를 미리 해둔 경우로, 간단한 서류 작업만 하면 증설된 전기를 그대로 사용할 수 있다.

후자의 경우는 다음과 같다. 예를 들어 상가 전체에서 사용할 수 있는 총 전기용량이 100kW인데 이미 들어와 있는 다른 상가들이 80kW를 사용 중인 상황이라고 가정해보자. 내 점포 외에 다른 공실이 없는 상태라면 남은 전기 20kW를 우리 점포에서 사용할 수 있으니 전기증설을 할 필요가 없다. 이 경우가 전자보다 더 운이 좋은 케이스이다. 서류 작업조차 필요하지 않기 때문이다. 하지만 이렇게 운 좋은 케이스는 많지 않기 때문에 대부분의 경우 전기증설 공사는 불가피하다.

조명공사

조명은 점포의 전체 분위기 설정에 큰 역할을 하는 만큼, 참고 사진을 보여주면서 설명하거나 제품명이나 일련번호를 정확히 전달하는 게 좋다.

여유가 있다면 원하는 조명과 자재를 직접 구매해서 작업자에게 전달해도 되지만 조명, 전기 분야의 지식이 부족할 경우 꼭 한두 개씩 빠뜨리는 경우가 발생하니 웬만하면 작업자가 직접 준비하도록 하는 것이 좋다. 뭐든 잘 모르면 전문가에게 맡기는 것이 안전하다.

전기공사를 할 때 조명과 CCTV를 위한 작업을 함께 진행할 수 있다. 전기공사를 할 때 전선을 천장 위로 빼놓기 위해 천장 마감재를 뜯는데, 이때 조명과 CCTV 케이블 전선 작업을 함께 해두면 효율적이다. 어렵고 위험한 작업이 아니니 사전에 요청하고 비용을 조금 더 지불하면 충분히 가능하다.

조명공사 업체와 CCTV 설치 기사를 각각 따로 부르면 공사 기간도 길어지고 비용도 늘어나니 전기업자와 협의하여 함께 진행하는 방향이 가장 좋다.

전기공사 작업자들 중 조명공사를 해본 사람은 많지만 CCTV 설치는 자기 분야가 아니라고 하는 사람이 많다. 따라서 협의 중에

PART 4. '하나뿐인' 나만의 점포를 준비하라

작업자가 CCTV 설치에 대한 거부감을 내비칠 경우에는 케이블이라도 잘 빼놔달라고 부탁하자. 케이블만 잘 빼놓으면 카메라를 연결하고 브라켓을 고정하는 건 누구나 할 수 있을 정도로 어렵지 않은 작업이니 걱정할 필요가 없다.

간판 설치

백종원도 소문 듣고 찾아갈 정도의 엄청난 맛집이 아닌 이상 모든 점포에 간판은 반드시 필요하다. 최초 스케치 단계부터 설치까지 업체와 많은 소통이 필요하다. 최종 확정을 하기까지 수정을 여러 번 거듭해야 하는데 이를 귀찮다고 생각하거나 작업자에게 미안한 마음이 든다고 대강 넘어가서는 안 된다.

간판은 점포의 얼굴이기 때문에 최대한 아름답게 만들어야 한다. 만족스러운 메이크업을 위해 화장을 여러 번 고쳐야 하듯, 간판 역시 수정을 거듭해야 만족스러운 결과가 나온다.

> **작가의 꿀팁**
>
> 간판 작업은 크게 디자인과 제작 및 설치로 나뉜다. 전 과정을 간판 업체에 일임해도 되지만, 디자인은 간판 업체보다는 디자이너에게 별도로 의뢰하기를 권한다.
>
> '라우드소싱'에서 로고를 제작할 때 간판 디자인도 함께 진행하면, 그 결과물을 간판 업체에 전달하기만 하면 되니 편리하다.

점포 전면의 형태에 따라 간판 스타일도 각양각색이 되는데, 활용 가능한 모든 공간을 활용해서 점포를 드러내기 위해 노력해야 한다.

간판의 종류, 크기, 배치, 문구, 조명 위치, 시트지 스타일 등을 추가하면서 수정을 거듭한다. 수정 끝에 원하는 스타일이 나왔다면 바로 결정하지 말고 그 시안을 출력하여 현장에 들고 가서 낮에 한 번, 저녁에 한 번 대보자. 이미지 파일로 보는 것과 해당 위치에 직접 얹어보는 것은 느낌이 사뭇 다르다. 새로운 아이디어가 떠오를 수도 있고 지금까지 보지 못한 방해물이 있는 경우도 있다.

간판 설치를 마치고 나서 수정할 부분이 발견되면 재작업이 어려울 뿐만 아니라 비용도 제법 많이 들기 때문에 설치하기 전에 '이렇게까지 확인해야 하나' 싶을 정도로 심사숙고해야 한다.

필자의 경우 메인 간판에는 최대한 심플하게 로고와 상호 정도만 넣고, 수직 간판(벽면에 세로로 세우는 간판)에는 상품이 저렴하다는 문구를 많이 넣어 강조하는 편이다. 무인점포는 브랜드 변별력이 약하기 때문에 '고객이 우리 점포를 이용해야 하는 이유'를 간판을 통해 설득해야 하기 때문이다.

수직 간판을 설치할 때는 경계선을 잘 파악해서 설치해야 옆 가게와 마찰이 생기지 않으니 경계를 정확히 지켜서 설치하자. 또한, 지자체마다 간판 설치 규정이 상이하니 간판 업체와 상의해보고, 모호한 부분은 지자체에 직접 문의해서 깔끔하게 확인하고 진행하도록 하자.

각 사이즈 측정 후 문구나 로고를 넣어 만든 최초 시안

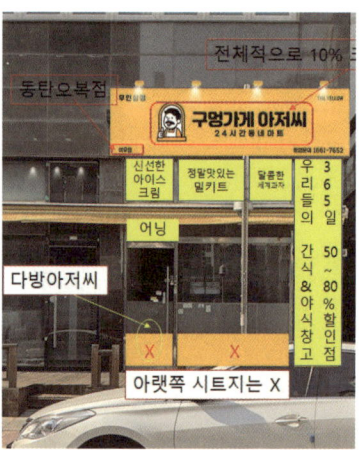

메인 간판 문구를 더 키우고 점포명 확정, 고정식 어닝 추가, 수직 간판 문구 수정, 아래쪽 시트지 제거, 위쪽 시트지와 문구 등을 추가한 수정 시안

메인 간판 아래 시트지 문구와 크기 수정, 신선한 아이스크림 → 로고로 변경 요청 세로간판 문구 수정

완성된 점포 전면 간판과 시트지

계산대 제작

키오스크와 비닐봉투, 쓰레기통 등을 두는 용도로 사용하는 계산대는 무인 아이스크림 할인점의 필수 설비 중 하나다. 흔히 사용하는 스테인리스 계산대는 녹이 잘 안 슬고 흠집이 적게 나며 청소가 쉽다는 장점이 있다. 그러나 필자는 조금 수고스럽더라도 나무 계산대로 맞춤 제작했다. 브랜드 컬러인 노란색과 차가운 느낌이 나는 스테인리스 계산대가 어울리지 않는다는 판단 때문이었다. 타 점포처럼 키오스크 업체에서 소개를 받아 스테인리스 계산대를 사용하면 간단하지만 가격 차이가 그리 크지 않고, 브랜드 이미지 측면에서도 맞춤 제작하는 편이 나았다.

맞춤 제작할 경우 키오스크의 크기뿐만 아니라 쓰레기통의 위치도 잘 생각해야 한다. 쓰레기통은 고객이 계산을 끝내고 나가는 방향에 있어야 한다는 점을 고려하여 위치, 내부 선반의 높이와 크기 등을 정확히 파악해야 한다.

계산대 중앙에는 현금결제기가 들어갈 수 있는 공간이 있어야 하며(사전에 실물 크기를 정확히 측정해서 가구제작업체에 알려주어야 하는데 만약 참고할 실물이 없다면 키오스크 제작 업체 홈페이지에 나오는 사이즈를 참고하자) 양측으로는 쓰레기통과 수납공간이 위치한다.

또한, 현금결제기를 수시로 열고 닫아야 하기 때문에 손잡이 부분을 자유롭게 사용할 수 있도록 커팅이 되어야 한다(계산대 제작 도면 왼쪽 60×140부분. 이곳이 커팅이 되어있지 않으면 손잡이 부분이 가려져서 열 때마다 기계를 앞으로 빼야한다).

계산대 상판은 키오스크 본체를 비롯한 여러 물품의 무게를 지탱해야 하는 부분이라 나무를 두 겹으로 덧대었다. 수납공간은 DVR, 인터넷 단말기, 점포에 필요한 소모품을 두는 공간 등으로 활용한다.

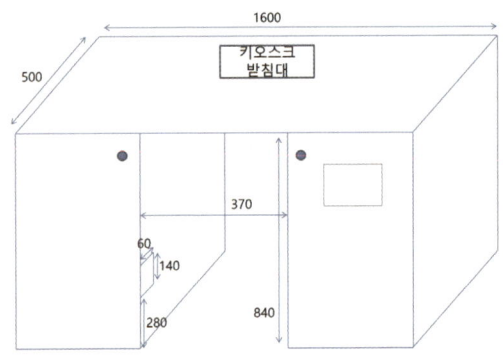

결제시스템 및 각종 설비 도입

결제시스템

무인 결제 시스템인 키오스크는 크게 카드 전용과 현금 겸용으로 나뉘고, 현금 겸용은 다시 분리형과 일체형으로 나뉜다. 카드 전용 키오스크는 성인들만 이용하는 점포나 특수상권에서 주로 사용한다. 무인 아이스크림 할인점에는 현금을 들고 오는 어린 고객들이 많이 방문하기 때문에 대부분 현금 겸용을 사용한다.

다음 사진에서 왼쪽의 작은 키오스크가 '일체형', 오른쪽 스탠딩 구조로 된 키오스크가 '분리형'이다. 일체형은 하나의 본체에 카드 결제 기능과 현금 결제 기능이 같이 들어가 있고, 분리형은 말

그대로 카드 결제와 현금 결제 위치가 분리되어 있다. 위쪽은 카드 결제기능, 아래쪽은 현금을 인식하고 잔돈을 배출하는 기능을 한다. 형태만 다를 뿐 두 키오스크의 기능은 동일하다.

취향의 차이가 있겠지만 필자는 분리형을 선호한다. 분리형 키오스크는 현금 투입구가 하단부로 내려가 있고 카드 투입구가 위쪽에 따로 있어 깔끔해 보이면서 현금 도난의 위험이 낮다는 장점도 있다. 무인점포의 키오스크를 훼손하고 현금을 훔쳐 갔다는 뉴스를 보면 일체형 키오스크에서 발생한 일인 경우가 많다. 일체형은 기계 전체가 다 보이기 때문에, 누가 봐도 기계 안에 현금이 들

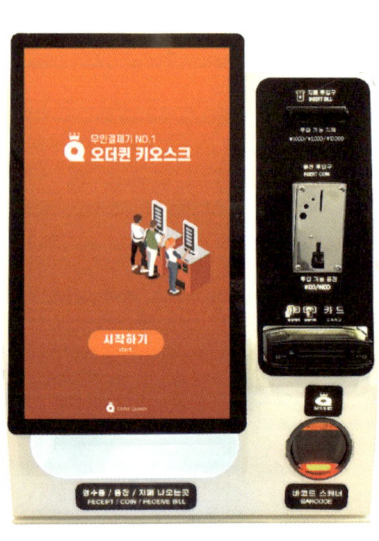

(좌)일체형 키오스크 (우)분리형 키오스크

출처 : https://home.orderqueen.kr

어있으리라는 사실을 알 수 있지만 분리형은 현금 투입구와 거스름 돈이 나오는 곳이 계산대 아래쪽에 있기 때문에 눈에 잘 띄지 않기도 하고 얼핏 보면 카드 전용 기계로 보이기 때문이 아닐까 싶다.

분리형 키오스크의 단점은 고객들이 간혹 현금 투입구를 못 찾는 일이 발생한다는 것이다. 이 문제는 키오스크 옆쪽에 현금 투입구는 하단부에 있다는 내용의 메모를 부착해둠으로써 보완하고 있다.

키오스크를 구매할 때는 되도록 규모가 큰 업체를 선택하길 권한다. 작은 회사는 아무래도 큰 회사에 비해 시스템 운영 인력이 적다 보니 오류가 잦을 수 있고, 고장 시 A/S가 원활히 진행되지 않는 우려가 발생할 수 있다. 따라서 안정적인 사용을 위해 규모가 크고 이름이 잘 알려진 회사의 키오스크를 구매하길 바란다.

업체를 찾을 때는 포털사이트 검색창에 '키오스크'라고 검색하여 5~6군데 정도를 비교해보자. 해당 업체에서 제작한 키오스크가 전국에 몇 대 정도가 설치되어 있는지, A/S는 어떻게 이루어지며 비용은 어떤지 확인하여 선정하면 된다.

키오스크 타입과 업체를 결정했다면 가격 상담을 받아보고 최종결정하면 된다. 키오스크 가격이 만만치 않다 보니(카드·현금 겸용 키오스크 기준 300~400만 원) 보통 일시불 보다는 할부 결제를 하게 된다. 필자 역시 36개월 할부로 월 13만 원가량을 납부하는 방법을 택하고 있지만 모든 할부에는 이자가 붙기 때문에 자금 여유가 있다면 일시불로 구매하는 것이 좋다. 매달 부담하는 이자

PART 4. '하나뿐인' 나만의 점포를 준비하라

를 점포 수익으로 충당하려면 꽤 많은 아이스크림을 판매해야 한다는 것을 잊지 말자.

키오스크의 입력 장치인 바코드 리더기는 내장형과 외장형으로 나뉜다. 키오스크에 붙어 있는 내장형 리더기는 인식률이 좋지 않기 때문에 보통 이 기능은 꺼두고 외장형 리더기를 추가로 설치하여 사용한다.

외장형 리더기는 핸드형과 탁상형으로 나뉘는데 탁상형이 좀 더 편리하다. 핸드형은 한 손에는 상품, 다른 손에는 리더기를 들어야 하기 때문에 자유로운 손이 없지만 탁상형은 한 손으로는 상품 바코드를 찍고 다른 한 손으로는 스캔이 끝난 상품을 봉지나 가방에 넣을 수 있기 때문에 사용하기 편하고 핸드형보다 빠르게 계산할 수 있다. 실제 무인 아이스크림 할인점에서 핸드형 바코드 리더기를 사용하는 곳은 드물다. 핸드형은 7~8만 원대, 탁상형은 12~13

(좌)핸드형 (우)탁상형 출처 : 각각 highbarcode.com, bizone.co.kr

만 원대에 구입할 수 있다.

　키오스크가 처음 점포에 들어오면 상품에 대한 데이터가 하나도 저장되어있지 않기 때문에 상품 정보를 키오스크에 일일이 입력해야 한다. 필자가 첫 점포 오픈 준비를 하면서 가장 힘들었던 부분 중 하나가 바로 이 부분이었다. 입고 상품 데이터를 하나하나 키오스크에 입력하느라 정말 엄청난 시간이 들었다.

　키오스크 회사에 다른 무인 아이스크림 할인점에서 사용하는 데이터를 제공해 줄 수 있는지 문의했지만 불가능했다. 아이스크림 대리점으로부터 일부 데이터를 받았지만 오류가 생기는 바람에 처음부터 다시 입력하는 쇼를 했다. 혹시 이 책을 읽는 독자 여러분 중 자신의 브랜드로 무인 아이스크림 할인점을 오픈하는 분이 있다면 필자에게 연락하라. 데이터 품앗이를 실천하겠다.

냉동고와 각종 진열대

　상품을 판매하기 위해서는 진열 및 보관을 위한 각종 설비가 필요하다. 크기가 가장 크고 중요한 설비인 아이스크림 냉동고(평대)는 아이스크림 대리점에서 무상으로 대여해준다. 점포에 아이스크림을 진열하고 팔아주는 대신 냉동고를 무상으로 빌려주는 형태라고 보면 된다.

평대 말고도 수직 냉동고를 활용해서 가격대가 높은 프리미엄 아이스크림, 냉동제품, 냉동 밀키트 등을 판매할 수 있고, 얼음컵 냉동고를 별도로 두고 얼음컵 음료를 판매할 수도 있다.

수직 냉동고 새 제품은 200만 원 정도, 중고는 70~80만 원 정도로 가격 차이가 크기 때문에 상태가 괜찮은 중고 제품이 있는지 적극적으로 찾아보자.

음료수 냉장고는 중고와 새 제품 가격이 둘 다 40만 원대로 큰 차이가 나지 않기 때문에 필자의 경우 모두 새 제품으로 구매했다.

과자류를 진열하는 진열대(곤도라)는 가로 길이가 900㎜인 제품이 15만 원 정도다. 아이스크림 냉동고를 벽 쪽에 위치시켰다면 냉동고 한 대당 진열대 두 개를 둔다고 계획하여 주문하면 된다. 인터넷 창에 '편의점 진열대', '편의점 매대', '곤도라' 등으로 검색하면 판매하는 곳이 많으니 가격 비교 후 구매하면 된다.

이밖에도 행사상품이나 생필품을 함께 판매하는 곳이라면 행사 매대를 구비해야 하는데, 가로 폭이 1,200㎜인 제품을 20만 원대에 구매할 수 있다. 마찬가지로 검색창에 '행사 매대', '이동식 매대', '가판대' 등으로 검색하고 가격 비교 후 구매하면 된

판매 상품 준비

아이스크림

모든 설비를 갖췄다면 드디어 판매할 상품을 들여올 차례다. 먼저 아이스크림은 네이버 지도나 구글 지도에 '롯데 아이스크림', '빙그레 아이스크림' 등으로 검색하면 가까운 아이스크림 대리점이나 영업소를 찾을 수 있다.

담당자에게 지역, 오픈 예정일, 필요한 냉동고 수 등 대략적인 정보를 전달하고 미팅을 진행한다. 냉동고가 들어갈 자리, 아이스크림 입고에 문제가 없는지 등을 확인하는 절차를 밟는다.

최근 무인 아이스크림 할인점이 대폭 늘어나는 바람에 냉동고 재고 부족 현상이 있으니 최대한 빠르게 연락해서 냉동고를 확보하는 것이 좋다. 자칫 잘못하면 오픈 날짜가 임박했는데 새 냉동고가 없어 중고를 들여놔야 하는 안타까운 상황이 발생할 수 있다.

통상적으로 냉동고가 점포에 들어오는 날 아이스크림도 함께 입고된다. 아이스크림이 소진되어 발주가 필요한 경우 점주가 대리점에 직접 주문해도 되지만 보통은 담당 배송 기사가 재고를 확인하고 적절하게 채워주는 경우가 많다.

체계적으로 상품을 입고시키기 위해서는 부족한 품목을 점주가 직접 파악하여 필요한 수량을 확인한 다음 발주를 넣는 게 가장 좋지만 시간과 노력이 많이 드는 일이기 때문에, 갑자기 많이 팔린 상품이나 고객이 요청한 품목만 별도로 주문하고 나머지는 담당 배송 기사에게 맡기는 게 편하다. 다른 품목에 신경 써야 할 일이 많기 때문에 담당자가 정해져 있는 아이스크림에는 최대한 신경 쓸 일을 줄이는 것이 좋다.

아이스크림은 일반적으로 일주일에 1회 입고되는데, 장사가 잘 되는 곳은 일주일에 2회까지도 입고가 되고, 손님이 많지 않아 상품이 잘 나가지 않는 점포는 2주에 1회 입고되는 곳도 있다.

과자와 생필품

과자나 생필품 품목은 생큐마트(생큐마트.com), 아이스도매(www.ice.dome365.com), 골드캔디(goldcandy.co.kr) 같은 도매 사이트를 이용한다. 이 사이트는 사업자 인증을 해야 가입과 주문이 가능하다.

최저가로 구매할 수 있는 곳은 아니지만, 가장 저렴하게 구매하기 위해 모든 사이트를 뒤져가며 품목별로 일일이 가격을 비교하는 것은 쉬운 일이 아닌 데다가 시간 측면에서도 비효율적이기 때문에 이처럼 사이트를 몇 곳을 정해서 이용하고 있다.

점포에서 취급하는 과자의 종류만 해도 200가지가 넘는 데다 생필품과 음료수, 빵까지 있기 때문에 최저가 사이트를 찾기 위해 모든 사이트를 품목별로 비교하는 것은 불가능에 가까운 일이다. 따라서 사이트 몇 군데를 정해서 적절한 가격과 배송비 등을 고려하여 편의에 맞게 주문하는 것이 좋다. 최소 주문 수량이 정해져 있기도 하고 발주 마감 기한이 있는 곳도 있으니 적합한 사이트를 이용하면 된다.

점포를 운영하다 보면 물건이 갑작스럽게 소진되어 급하게 채워 넣어야 하는 상황이 생길 수 있다. 추가 주문을 하기 위해 매번 이용하던 사이트에 들어갔는데 그 사이트에도 재고가 없는 경우가 있다. 그럴 경우 진열대를 비워두기보다는 가격이 비싼 곳에서라

PART 4. '하나뿐인' 나만의 점포를 준비하라

도 주문해서 채워 넣는다. 재고가 없어서 그냥 돌아가는 고객이 있어서는 안 된다는 생각이 크고, 고객에게 '내가 원하는 상품이 항상 있는 가게'라는 이미지를 남기기 위해서 조금 손해를 보더라도 상품을 넉넉히 채워 두는 편이다.

음료수, 얼음컵, 파우치 음료

음료수와 얼음컵, 파우치 음료도 빼놓을 수 없는 품목이다. 아이스크림과 마찬가지로 음료수도 지역마다 대리점이 있다. 아이스크림 대리점을 찾는 방식과 마찬가지로 네이버 지도나 구글 지도에 '음료 대리점', '음료 영업소'라고 검색하면 여러 군데가 나오니 점포에서 가까운 곳 몇 군데에 연락해서 견적을 비교해보고 진행하면 된다.

참고로 음료 업체마다 자사 브랜드 음료는 저렴하게, 타 브랜드 음료는 다소 비싼 값에 공급하니 취급하고자 하는 음료수가 어느 브랜드 제품이 많은지를 잘 고려해서 선택하는 것이 유리하다.

음료수는 도매 사이트에서 주문하는 방법도 있지만 대리점에서 주문하면 좀 더 저렴한 가격에 구매할 수 있다. 단, 대리점에서 주문할 경우 소량 주문은 불가능하고 박스 단위로 구매해야 하니 점포의 특성에 따라 선택하길 바란다(점포에 보관 장소가 있다면 박스 단위로 한꺼번에 주문하여 저렴하게 구매하자).

얼음컵과 파우치 음료는 음료수 대리점에서 함께 취급하는 경우도 있고 얼음 전문 업자가 파우치 음료를 함께 파는 경우도 있다. 얼음 대리점도 마찬가지로 포털사이트에 '얼음'이라고 검색하면 쉽게 찾을 수 있다.

밀키트와 냉동제품

앞서 밀키트는 '피해야 하는 아이템'이라고 언급해놓고 구비해야 할 목록에 밀키트가 등장하여 의아하게 여겨질 수 있다. 정확히 말하면 필자는 '밀키트 전문점 창업'에 대해 부정적인 견해를 가지고 있을 뿐 밀키트라는 아이템 자체에 문제가 있다고 생각하지는 않는다. 오히려 점포 한쪽에서 '유통기한이 긴' 냉동 밀키트를 판매하면 제품 다양성을 갖출 수도 있고 추가 매출 수단으로도 좋다고 생각한다.

냉동 밀키트는 유통기한이 최소 6개월 이상이기 때문에 재고 관리 부담이 적다. 꾸준히 판매되는 밀키트 위주로 입고시키고 냉동제품(냉동만두, 냉동피자 등)을 함께 취급하기를 추천한다.

밀키트와 냉동제품은 과자와 생필품 판매 사이트에서 같이 취급하는 경우가 많기 때문에 그 사이트를 이용해도 되고 밀키트 전문

업체에서 구매하는 방법도 있다.

밀키트 제조사나 전문판매 업체에 연락하여 도매가로 구매하고 싶다고 제안을 해도 좋다. 초기에는 주문량이 많지 않아 협상의 여지가 적겠지만 일반 사이트에서 구매하는 것보다 저렴하게 상품을 확보할 가능성이 있다.

인터넷 검색창에 '밀키트'라고 검색하면 수많은 프랜차이즈와 판매업체가 나온다. 각 업체에서 견적을 받아 품질이 가장 좋고 저렴한 곳을 선택하면 된다.

최종 선택 전에 한 세트를 주문해서 집에서 직접 조리해 먹어보는 것도 좋은 방법이다. 먹어보지 않고 판매했다가 고객에게 품질이 나쁜 상품을 판매하게 될 수도 있으니 말이다.

보안 시스템 구축

　대한민국 치안이 세계 최고 수준인 데는 전국에 널리 보급된 CCTV의 역할이 클 것이다. 무인점포에서 중범죄가 일어날 확률이 높지는 않지만 점포에 상주하는 직원이 없는 무인점포에서 주인의 눈을 대신해줄 CCTV는 필수 보안 시스템이다.

　CCTV는 구매와 설치를 직접 할 수도 있고 통신사에서 제공하는 보안 서비스를 이용할 수도 있다. 단, 통신사에서 제공하는 CCTV 서비스는 가격이 비싼 편이다.

　1~4대의 카메라(4채널 DVR)로는 사각지대 없이 점포를 살필 수 없기 때문에 최소한 8채널 DVR과 여덟 대의 카메라로 점포 내부와 외부를 샅샅이 살펴야 한다.

카메라를 여덟 대나 설치해야 하다 보니 통신사 서비스를 이용하는 경우 매달 5~6만 원 정도의 이용료가 발생한다. 초기 부담은 적지만 점포 운영 기간이 길어짐에 따라 총비용은 직접 설치했을 때보다 많이 들어갈 수 있다.

직접 구매하여 설치하는 경우 70~80만 원 선에서 DVR, CCTV, 케이블 등을 전부 구매할 수 있고, 전기공사 업체 설치비용까지 포함해도 통신사 서비스 이용료보다 저렴하게 CCTV 시스템 세팅이 가능하다.

초기 비용이 늘어난다는 부담은 있지만 총비용은 다른 방식에 비해 적기 때문에 직접 구매해서 설치하는 쪽이 바람직하다. 물론 오픈 준비 시점에서 경제 상황, 여유 자금을 잘 살펴 부담이 되지 않는 방식을 선택하는 것이 무엇보다 중요하다.

일부 점포에서는 세콤이나 ADT캡스 같은 무인경비시스템을 이용하는데, 사실상 불필요하다고 생각한다. 24시간 문이 열려있는 무인점포에 누군가 굳이 문을 깨고 들어와 경보음이 울리거나 창문을 넘어와 경비팀 출동이 필요한 상황이 발생할 가능성은 낮지 않은가. 점포에서 고가의 상품을 팔고 있는 것도 아니고 현금을 많이 보관하고 있는 것도 아니기 때문에 그런 불상사가 일어날 확률은 극히 낮다.

물건을 몰래 훔쳐 간다거나 기물을 파손하는 경우가 생길 수는 있지만 경비 업체에서 24시간 우리 점포만 모니터링 하는 것이 아니기 때문에 사실상 이런 손해를 100% 막을 수도 없다. 간혹 AI로 점포를 24시간 감시해준다는 곳이 있긴 하지만 아직은 기술 발전이 더 필요한 영역이다.

구분	통신사 렌탈형	구매형
8채널	월 5~6만 원 × n개월	70~80만 원+설치비
3년 운영시 총비용	180~216만 원	100만 원대
장점	초기 비용 저렴	총비용 저렴
단점	총비용 부담	초기 비용 부담

PART 4. '하나뿐인' 나만의 점포를 준비하라

스마트한 점포 만들기

CCTV가 점포의 보안 관리를 도와준다면 스마트 IoT^{Internet of Things} 시스템은 운영 관리를 돕는다. 굳이 점포에 방문하지 않아도 원격으로 점포 상황을 실시간 확인하고 간단한 관리 업무를 볼 수 있다. 아직 보완되어야 할 부분이 많지만 IoT 시스템을 활용하면 보다 편리하게 점포를 관리할 수 있다.

필자는 '아카라^{Aqara}'라는 브랜드 제품을 사용한다. '스마트 허브'라는 메인 기계에 다양한 센서들을 연결해 정보를 주고받는 시스템이다. 앞으로 더 많은 센서가 개발되겠지만 현재는 온습도 센서, 문 열림 감지 센서, 움직임 감지 센서, 화재 감지 센서, 스마트 플러그, 점포 내부 조명과 간판 조명을 관리해주는 릴레이와 같은 시스템을 점포에 적용할 수 있다.

위 센서 중 가장 중요한 역할을 하는 것은 온습도 센서인데, 무인 아이스크림 할인점에서 도난보다 더 무서운 '냉동고 온도 상승'을 감지해주기 때문이다. 정전이나 고장으로 인해 냉동고 온도가 상승하면 아이스크림이 모두 녹아버리기 때문에 냉동고가 정상적으로 작동하고 있는지 여부는 무엇보다도 중요한 사항이다. 온습도 센서를 설치해두면 냉동고 내부의 온도를 실시간으로 확인할 수 있다.

온습도 센서에 적정 온도 구간을 설정해놓고 해당 온도에서 벗어나면 점주의 핸드폰에 알람을 울리게 할 수 있고, 문 열림 센서를 설치하여 냉동고 문이 열린 채 장시간 방치되는 경우 알람을 울리게 할 수도 있다.

문 열림 감지 센서를 설치하여 점포 문이 열리거나 사람의 움직임이 감지되면 선풍기가 작동되도록 할 수도 있고 스마트 플러그라는 기기를 통해 점포 실내 온도가 설정해둔 상한 온도에 다다르면 에어컨이 작동되고 반대로 하한 온도에 다다르면 작동을 중단시킬 수도 있다. 뿐만 아니라 릴레이라는 장치를 사용하면 날씨와 시간에 따라 간판 조명을 켜고 끄는 것도 조작할 수 있다.

냉동고 온도, 문열림, 점포 온도, 조명 등 사소한 관리인 듯해도 점포 관리에 큰 영향을 미치는 작은 요소들을 스마트 IoT 기술로 편하게 관리할 수 있다. 앞으로 더 많은 기능을 가진 스마트 기기의 출현이 기대된다

PART 4. '하나뿐인' 나만의 점포를 준비하라

기타 준비들

기타 준비물

이제 영업을 위한 굵직한 준비는 끝났다. 오픈 마무리 단계에서 의외로 자잘한 물품이 많이 필요한데, 어느 하나 없으면 안 되는 것들이니 가볍게 짚어보자.

우선 CCTV 녹화화면을 볼 수 있는 모니터가 필요하다. 물론 모니터가 없어도 녹화는 되고 있지만, 점포를 이용하는 고객들에게 경각심을 주기 위해 최대한 큰 모니터로 준비해서 잘 보이는 위치에 설치하자. 10평 점포를 기준으로 55인치 이상을 권장한다.

모니터 거치대도 있어야 하는데, 벽걸이형 거치대와 천장형 거치대가 있으니 점포 구조에 맞는 거치대로 선택하면 된다.

점포에 설치할 홈 카메라도 필수다. CCTV를 여덟 대나 설치했어도 홈 카메라가 별도로 필요한 이유는 이 홈 카메라에 스피커와 마이크 기능이 있기 때문이다. 가끔 점포에 있는 고객과 소통이 필요한 경우가 생긴다. 키오스크 사용 설명이 필요한 분이나 점포에 너무 장시간 머물러 있는 불량 고객들에게 퇴점해 달라는 의사를 전달해야 할 때 요긴하게 쓰인다.

그 밖에도 상품을 담을 수 있는 장바구니, 쓰레기통, 진공청소기와 각종 청소도구, 상품을 담아갈 비닐봉투, 필기도구, 손 소독제, 어린이 고객을 위한 발판, 일회용 빨대와 스푼, 그리고 이것들을 꽂아놓을 다용도 꽂이 등을 구비해 두어야 한다.

보험

마지막으로 화재 보험 가입을 권장한다. 화재 위험이 큰 업종은 아니지만 사람일은 모르는 것 아니겠는가? 만약 점포에서 화재가 발생했는데 옆 상가까지 다 타버리면 피해가 훨씬 커지고 배상에 대한 책임과 손해가 어마어마해진다. 따라서 혹시 모를 위험에 대한 대비가 필요하다.

화재뿐만 아니라 점포에서 고객이 미끄러져 넘어지는 등 갖가지 위험한 일이 발생할 수 있으니 종합보험을 들어두는 것도 좋다.

지금까지 단계를 잘 숙지했다면 점포를 오픈하는 데 큰 무리는 없으리라 생각한다. 아직 본격적으로 시작하지 않은 일이라 두렵고 막연하겠지만 막상 한 걸음 내딛어보면 어떻게든 헤쳐나가게 되어있다. 그때 이 책의 내용이 큰 도움이 되리라 확신한다.

앞에서 소개한 모든 절차는 필자가 밟았던 단계들이다. 독자 여러분은 이 절차를 따라하는 데서 그칠 게 아니라 자신의 점포를 좀 더 차별화 할 수 있는 요소에는 무엇이 있을지 고민해보기 바란다. 특히 점포 전체 분위기를 조금 더 특별하게 할 수 있는 인테리어(그렇다고 인테리어에 너무 많은 돈을 쓰지는 말자), 브랜드 컨셉을 해치지 않는 선에서 다양한 아이템을 위탁판매하거나 서비스하는 등 여러 방식을 고민하라. 분명히 뛰어난 아이디어로 시장을 흔들 수 있을 것이다.

INSIGHT
점포 외 부수입 도구

메인 아이템과는 별개로 영업하며 부수입을 창출할 수 있는 도구가 있다. 바로 뽑기 기계와 같은 자판기이다. 점포 주변 공간에 여유가 있다면 자판기나 뽑기 기계와 같은 여러 가지 기계를 설치할 수 있다. 이 기계들은 직접 구매해서 설치하거나 업체에 자리를 빌려주는 '자릿세' 형태로 매출의 일정 부분을 나눠 갖는 방식으로 운영할 수도 있다. 목돈을 지출하는 전자보다는 후자의 방식이 좋다.

필자는 점포 세 곳에 각각 자판기를 한 대씩 운영 중인데 모두 자리 임대 형식, 즉 자릿세를 받는 형태로 운영하고 있다. 여기서 평균 15~20만 원 정도의 추가 수입이 발생한다. 기계를 직접 관리하며 일일이 자판기에 들어가는 상품을 신경 쓰거나 고객 불만 사항을 직접 응대하지 않아도 되기 때문에 수익은 더욱 달콤하다.

자판기를 구매하여 상품을 직접 채우고 관리하는 방식으로 운영하면 수익은 더 커질 것이다. 더구나 자판기에는 보통 현금을 사용하기 때문에 카드수수료 등의 부담이 없어 수익률도 좋다. 대신 관리 업무가 추가되면서 부업의 개념을 벗어나는 우를 범하게 된다.

    기계로부터 얻는 수익은 어디까지나 부수입이기 때문에 큰 기대를 하기보다는 좋은 기계를 가져다 놓음으로써 약간의 부수입을 올리면서 고객을 유입시키는 효과 정도로 가볍게 생각하는 것이 좋다.

    뽑기 기계는 설치하면서 주의해야 할 부분이 있는데, 인형 뽑기 같은 기계는 게임산업법의 규제를 받는다는 점이다. 이 부분을 간과하고 설치했다가 법적 제재를 받을 수 있으니 충분한 검토와 지자체 문의 및 확인이 필요하다. 대신 자판기 형태로 되어있는 것은 실외든 실내든 규제를 받지 않고 자유롭게 설치할 수 있으니 기계로 인해 점포가 많이 가려지지 않는다면 설치해보자.

어찌보면 무인창업의 시초라고 볼 수 있는 자판기를 현재는 점포 밖 상품 판매라는 한정적 용도로 사용하고 있지만, 다양한 서비스를 제공하는 용도로 폭넓게 활용할 수도 있을 것이다. 점포 면적에 여유가 있다면 세탁물 수거나 코인 세탁기를 한 대 정도 운영할 수도 있고, 요즘 유행하는 셀프 사진관 부스를 운영할 수도 있다. 이 또한 점포의 컨셉을 침해하지 않는 선에서 해야 한다.

PART 5

'효과적인' 홍보와 '철저한' 관리로 점포를 성장시켜라

효과적인 홍보와 철저한 관리

지금까지 세상에 없던 엄청난 상품이 출시되었다 해도 자동으로 팔려나가며 매출이 오르지는 않는다. 고객이 상품의 존재와 가치를 인지해야 지속적인 매출 상승의 기회가 온다.

무인점포도 마찬가지다. 점포를 오픈하고 좋은 상품을 다양하게 갖췄다고 해서 매출이 자동으로 오르는 것은 아니다. 홍보와 관리를 꾸준히 하여 우리 점포의 존재와 가치를 고객이 알 수 있도록 해야 한다.

"매출의 90% 이상이 상권에 달렸으니 좋은 상권에 자리만 잘 잡으면 그냥 가만히 있어도 되는 거 아닌가?"라고 반문할 수 있다. 완전히 틀린 말은 아니다. 하지만 좋은 상권에 자리 잡았다고 남은

10%를 버릴 셈인가? 게다가 숨만 쉬어도 고정비는 계속 나가기 때문에 수익을 극대화하기 위해서는 매출을 최대한 늘리는 것이 관건이다. 오픈 초기의 홍보가 숨어있는 10%를 채울 수 있는 골든타임이다. 절대 그 시간을 그냥 흘려보내선 안 된다.

꾸준하고 철저한 관리 또한 고객을 끌어당기는 중요한 요소다. 유명한 맛집이었던 식당이, 주인이 바뀌고 얼마 뒤 망해서 문을 닫는 경우가 있다. 기존 매출이 아무리 높아도 유지하기 위해 노력하지 않는다면 결국 소비자의 냉정한 심판을 받게 될 것이다.

무인점포는 관리에 한번 소홀해지기 시작하면 하염없이 망가질 수밖에 없다. '깨진 유리창 이론*'처럼 말이다. 점포에 깨진 유리창과 같은 무질서가 방치될 경우(쓰레기가 넘쳐나는 쓰레기통, 구겨진 영수증이 굴러다니는 계산대, 바닥에 떨어진 아이스크림 자국 등) 걷잡을 수 없이 망가질 것이다.

점포에 깨진 유리창이 방치되지 않도록 하기 위해서는 엄격한 관리가 필요하다. 스스로 관리에 대한 뚜렷한 기준을 잡고 습관화해 나가야 한다. 그러면 지금부터 소중한 내 점포를 효과적으로 알리고 철저한 관리를 바탕으로 꾸준히 성장시키는 방법에 대해 알아보자.

---

* 미국의 범죄학자 제임스 윌슨과 조지 켈링이 발표한 범죄심리학 이론. 깨진 채 방치된 작은 유리창과 같은 사소한 무질서가 더 큰 범죄와 무질서를 불러일으킨다는 의미

우리 점포 알리기

구매인증 이벤트

필자는 점포를 새로 오픈할 때마다 일주일간 오픈 이벤트를 진행하고 있다. 행사를 진행하기 위해 점포에 계속 머무를 수는 없다 보니 일정 금액 이상(2만 원)을 구매하고 영수증을 인증하면 기프티콘을 보내주는 방식으로 진행한다.

점포에서 일정 금액 이상을 구매한 다음 카카오 채널에 점포명을 검색해 친구 추가하고 대화창에 구매영수증을 인증하면 기프티콘을 보내주는 이벤트이다(1인당 1회 한정).

카카오톡 채널 운영은 오픈 이벤트 진행을 위한 수단일 뿐만 아니라 고객정보를 확보하여 새로운 이벤트 안내나 점포 관련 공지 사항을 직접 전달할 수 있다는 점에서 유용하다. 고객 입장에서는 익명으로 소통할 수 있기 때문에 부담없이 점주에게 요청사항을 전달할 수 있다는 장점이 있다.

매익률이 30%인데 기프티콘까지 지급하면 오히려 손해가 아니냐고 생각할 수 있다. 물론 점포를 이용하는 모든 고객이 이벤트에 응모한다면 손해가 날 수 있다. 하지만 모든 고객이 이벤트에 참여하지는 않거니와, 모두가 참여하는 바람에 손해를 좀 봤다고 해도 일주일 정도는 홍보비로 투자한다는 생각으로 진행하면 어떨까?

또한, 이벤트에 참여하는 고객은 평소보다 많은 양의 아이스크림이나 과자를 구매하게 될 텐데, 단맛과 매운맛에는 중독성이 있기 때문에 구매한 간식거리가 떨어지면 새로 사러 올 확률이 높다. 그러면 자연스럽게 주거지에서 가까운 우리 점포에 재방문할 것이고 이게 반복되면서 단골 고객이 될 것이다.

실제로 오픈 이벤트를 진행해보면 이벤트에 참여하는 고객은 10% 정도밖에 안 된다. 그리고 재미있는 사실은 이벤트에 참여해서 기프티콘을 받은 10% 중 절반은 그 기프티콘을 사용하지 않는다는 것이다. 받은 사람이 기프티콘을 사용하지 않고 사용기한이 지나면 보낸 사람에게 환불 된다. 고객은 이벤트에 참여해 쿠폰을 받아서 기분 좋고 점주는 미사용 기프티콘을 환불받는 바람에 홍보비가 아껴지니 이득이다.

홍보물을 이용한 발품을 팔기

아무런 무기가 없는 사람도 최소한 체력은 가지고 있다. 든든한 체력을 이용해 조금만 부지런해지면 충분히 홍보를 할 수 있다. 홍보물(전단지)을 제작해서 개업 일주일 전부터 주변 건물에 돌려 보자.

만약 아파트 상가에 입점한다면 아파트 게시판이나 엘리베이터에 홍보하는 것이 효과적이다. 필요한 비용과 게시 요일이 언제인지를 관리실에 문의한 뒤 일정에 맞춰 전단지를 전달하면 된다.

일주일 단위로 비용이 정해져 있는 곳이 많기 때문에 그에 맞추어 진행하면 되는데, 게시 시작 요일에 따라 부득이 2주간 게시해야 하는 경우도 생긴다. 예를 들어 오늘이 화요일이고 개업일은 다

음 주 수요일이라고 가정해보자. 아파트 게시판 홍보를 하기 위해 관리실에 문의했더니 새 홍보물을 게시하는 날이 매주 월요일이라고 한다. 하루 차이로 게시 시작 요일을 놓친 것이다. 하지만 그렇다고 다음 게시 시작일까지 기다릴 수는 없다. 따라서 게시 시작 시점을 놓쳤다면 게시 기간을 아예 한 주 더 추가하는 게 좋다. 이 기간에 맞추어 이벤트 일정을 조정하는 것도 방법이다.

오피스텔의 경우 관리인 한두 명이 관리하고 있는 경우가 많기 때문에 음료수를 들고 관리실에 찾아가 인사하면서 엘리베이터나 게시판에 전단지를 좀 붙여도 되는지 물어보고 협조를 요청하는 경우가 많다.

점포가 위치한 오피스텔뿐만 아니라 인근에 있는 다른 오피스텔 관리실에도 방문하여 협조를 구하거나 오피스텔 입구 쪽에 전단지를 슬쩍 붙이고 나오는 경우도 있다. 하지만 그럴 경우 자칫하면 항의를 받거나 점포 이미지가 오히려 안 좋아질 수 있으니 웬만하면 건물 관리인과 소통 후에 움직이도록 하자.

로드 상권이나 기타 상권도 마찬가지로 인근 상점이나 건물을 일일이 찾아다니면서 인사하고 홍보물을 게시판에 붙인다. 상권 분석 단계에서 주변을 많이 다녀봤겠지만 그때와는 사뭇 다른 느낌일 것이다. 거주민을 직접 마주하며 본격적으로 사업을 시작한다는 느낌이 들기 때문이다. 그렇게 점점 사장이 되어 가는 것이다.

지역 커뮤니티 카페를 통한 바이럴 마케팅

지금까지 발품을 팔아 고전적인 홍보를 진행했다면 이번에는 21세기 문명의 힘을 빌릴 때다. 안타깝게도 오프라인 점포는 온라인 쇼핑몰과 달리 판매범위가 점포 주변을 벗어나지 못한다. 넓게 잡아도 점포에서 반경 2km 이내일 것이다.

그렇다면 그 범위 안에서 최대한 많은 사람에게 개업과 이벤트 소식을 알려야 한다. 하지만 아파트 게시판과 전단지 홍보만으로 모든 주민에게 우리 점포 소식을 노출하기에는 한계가 있다. 요즘은 모두가 스마트폰에서 눈을 잘 떼지 않기 때문에 엘리베이터 안에 붙어 있는 아파트 공지사항도 잘 보지 않는데, 하물며 게시판에 있는 홍보물을 주의 깊게 보는 사람은 더욱 드물기 때문이다. 따라서 다양한 방법으로 점포의 존재를 알릴 필요가 있다.

지역 커뮤니티 카페(지역 맘카페)는 온라인에서 우리 점포를 알리는 좋은 방법 중 하나다. 지역 커뮤니티 카페가 아우르는 범위는 보통 시나 구 단위로, 오프라인 점포의 판매범위(동네)에 비해 훨씬 넓기 때문에 보다 많은 사람에게 노출될 확률이 높다. 점포 인근에 사는 주민이 아닌 경우 이벤트에만 참여하고 마는 일회성 구매 고객이 몰릴 가능성도 있지만 실질 타겟인 점포 인근 주민에게 정보가 닿을 확률 또한 높으니 무조건 진행하자.

점포가 있는 지역이 거주지가 아니라 카페 가입이 불가능하다면 해당 지역에 사는 지인에게 게시물을 대신 올려달라고 부탁해서라도 진행하도록 하자.

온라인 홍보가 가진 특징 중 하나는 정보가 퍼지는 속도가 굉장히 빠르고 경로도 다양하다는 것이다. 이벤트 소식이 맘카페 게시글에서 끝나는 게 아니라 다양한 SNS로 옮겨져 널리 퍼져나갈 수도 있다. 혜택이 독특하고 파격적일수록 정보는 빠르게 퍼져나간다.

점포 관리

직장생활과 점포 관리를 병행하는 것은 크고 작은 어려움이 따르는 일이다. 상품의 종류도 많고 가격도 제각각이다 보니 발주, 재고 파악, 정리 등 각종 일을 처리하는 데에도 시간이 한참 걸릴 뿐만 아니라 시간을 얼마나 써야 하는지에 대한 기준을 세우기도 어려울 것이다.

내 한 몸 건사하기도 힘든 세상에 돌보고 신경 써야 할 존재가 추가되었으니 어려움을 겪는 것은 당연하다. 하지만 초심을 잃지 않고 꾸준히 노력하면 빠르게 관리 업무에 적응할 것이고 그만큼 점포를 더 좋은 환경으로 운영할 수 있다.

앞에서 다양한 방식으로 열심히 홍보했으니 이제는 점포를 처음 오픈했을 때와 똑같은 상태로 유지하기 위한 노력이 필요하다. '깨진 유리창'을 방치하지 않는 수준을 넘어 '깨끗한 유리창'으로 유지하기위해 노력해야 한다. 소비자는 항상 우리 점포를 지켜보고 평가하고 있으며 생각보다 점포에 대해 더 잘 알고 있다. 잊지 말자. 실망한 고객이 점포를 떠나는데 걸리는 시간은 생각보다 짧다는 사실을 말이다.

문제가 발생하면 최대한 빠르게 해결할 것

점포가 무인으로 운영되기 때문에 실시간으로 관리할 수 없다는 핸디캡이 있지만, 괜찮다. 이곳이 무인점포처럼 느껴지지 않도록 관리에 더 신경 쓰면 된다. 어마어마한 시간과 노력은 필요하지 않다. 다른 무인점포보다 '아주 약간'만 더 잘하면 된다.

필자가 오며 가며 봤던 대부분의 무인점포는 관리가 미흡했다. 점포 상태를 보면 한눈에 알 수 있다. 꽉 차다 못해 흘러넘쳐 있는 쓰레기통, 손님들이 버리고 간 영수증이 어지럽게 널브러져 있는 계산대, 녹은 아이스크림이 바닥에 떨어져 생긴 거뭇거뭇한 얼룩들….

이 책을 읽고 있는 독자 여러분도 어느 점포에선가 그런 모습을 본 적이 있을지 모른다. 적어도 그런 상태가 되어서는 안 된다. 이제 막 관리를 마친 듯한 상태가 지속될 수 있도록 초기에는 CCTV

를 자주 확인해 주어야 한다.

사소한 무질서가 방치된 채 시간이 너무 오래 지나버릴 경우, 점포는 걷잡을 수 없이 엉망이 된다. '여기는 점주가 관리를 대충하는 것 같으니 막 써도 돼'라는 인식이 손님들 사이에 한 번 퍼지기 시작하면, 되돌리기까지 수십 배의 노력이 필요하다. 따라서 초반에 조금 힘들더라도 '철저히 관리되는 점포'로 확실히 자리매김할 수 있도록 노력하자.

1일 1관리의 원칙은 반드시 지킬 것

직접 운영하는 직영점포뿐만 아니라 필자가 오픈 과정에 참여한 모든 점포에 늘 강조하는 원칙이 있다. 바로 '1일 1관리의 원칙'이다. 말 그대로 하루에 최소 한 번은 관리를 해야 한다는 뜻이다.

점포 상태가 흐트러지는 건 한순간이지만 고객은 그 시점이 언제부터였는지 알 필요도 없고 관심도 없다. 엉망이 된 점포를 목격한 고객은 그 이미지를 계속 가지고 있게 된다. 이를 예방하기 위해 매일 최소 한 번은 방문해서 흐트러진 점포의 모습을 고객이 볼 가능성을 줄이고 정리되지 않은 모습이 아예 노출되지 않도록 노력해야 한다.

직장생활을 병행하는 일이기에 점포 관리는 되도록 아침 일찍

하기를 권한다. 오후에는 직장에서 무슨 일이 일어날지 예측할 수 없고 아무래도 오전에 여유 시간이 많으니 평소보다 조금 일찍 일어나서 출근 전에 점포에 들르자.

관리하는 데 있어서도 오후나 저녁보다 아침 시간이 훨씬 편하다. 아침 일찍부터 군것질을 하는 사람은 드물기 때문에 점포가 한적해 관리하기가 수월하기 때문이다.

반면 저녁 시간은 매출이 집중되는 시간이다 보니 방문객의 수가 상대적으로 많아진다. 이 시간에 청소를 하거나 물품을 정리하면 고객과 마주칠 확률이 높다. 손님 입장에서는 무인점포에 점주가 있으니 여유롭게 이것저것 살펴보는데 눈치가 보이고 점주 입장에서는 청소도 하고 정리도 해야 하는데 손님이 있으니 불편해진다. 손님이 많이 몰리면 점포에서 잠시 나와 있어야 하는 경우도 생기기 때문에 점포 관리에 시간이 더 많이 든다.

만약 아침에 시간이 별로 없다면 최소한 계산대 쪽(쓰레기통 포함)이라도 깔끔하게 정리하고 회사로 출발하자. 점포 외부의 얼굴이 간판이라면 내부의 얼굴은 계산대다. 진열대에 상품을 미처 채워놓지 못한 정도라면 손님은 '물건이 다 팔렸나 보다' 정도로 생각하겠지만 계산대 상태가 엉망이면 '이 가게는 관리를 안 하는 더러운 곳이네'라고 생각할 것이다.

항상 명심하라. 소비자는 생각보다 점포를 더 냉정하게 평가한다는 것을 말이다.

인근 상인과 친해질 것

무인점포는 대개 동네 장사이기 때문에 지역 주민들의 성향을 파악하고 유대관계를 지속적으로 쌓을 필요가 있다. 점포가 위치한 곳이 내가 살고있는 동네라면 좋겠지만 점포를 오픈하면서 처음 들어온 경우라면 주민에 대한 정보가 거의 없는 상태라고 볼 수 있지 않겠는가. 따라서 상권 주민들의 성향을 파악하는 것은 매우 중요하다.

그 유대관계를 우리보다 훨씬 먼저 쌓으며 주민들의 성향을 줄곧 파악해 온 사람들이 바로 같은 상가에 있는 사장님들이다. 한 자리에 오래 있었다는 것은 수익이 꾸준했다는 것이고 오래된 만큼 상가가 돌아가는 상황에 대해서도 빠삭하다는 것이다.

이분들과 좋은 관계를 유지하면 도움이 된다. 같은 상가에 들어와 있는 가게 중 제일 오래된 곳과 동네 사랑방 역할을 하는 곳(부동산이나 미용실, 동네 카페) 사장님을 공략하라. 사랑방 역할을 하는 가게는 주민들과의 소통이 활발히 일어나는 장소이기 때문에 우리 점포에 대한 긍정적인 대화를 많이 오가게 할 창구가 될 수 있다.

물론 다른 상가 사장님들과도 두루두루 친하게 지내야겠지만, 특히 이 두 가지 특징을 가진 점포의 사장님들과는 시간을 따로 내어서라도 인사를 나누도록 하자. 명절 같은 특별한 날에는 작은 선물을 전하는 것도 도움이 된다. 이게 부담스럽다면 점포에 있는 상품을 나눠드리면서 가볍게 마음을 사는 방법도 좋다. 아부를 하라는 게 아니다. 인간 대 인간으로 친밀한 관계를 맺으라는 의미다.

주민의 성향을 잘 아는 사람에게 속성 교육을 받는 수업료라고 생각하며 친하게 지내자. 진심으로 다가가면 언젠가 한 번은 도움을 받게 된다.

내 점포와 거리를 둘 것

1일 1관리 하며 점포를 잘 관리하랄 땐 언제고 갑자기 거리를 두라니 의아하지 않은가? 아이러니하게도 점포를 잘 관리하기 위해서는 적정 시점부터 점포와 적당히 거리를 두고 컨디션 관리에 힘써야 한다.

거리두기를 위해 가장 쉽게 실천해 볼 수 있는 것은 CCTV 확인 횟수를 줄이는 것이다. 점포를 오픈하고 초반에 잘하려다 보니 부업으로 시작한 일이 스트레스가 되는 경우가 많다. 습관적으로 보던 CCTV를 최소한으로 줄여 오전에 두세 번, 오후에 네다섯 번 정도만 확인하는 시도를 해보자.

무인점포이기 때문에 자꾸 신경이 쓰이는 건 자연스러운 일이다. 필자의 경우 세 개의 직영 점포를 관리하고 있음에도 매번 새

점포를 오픈할 때마다 CCTV를 더 자주 보고 신경을 많이 쓰게 된다. 초반에는 횟수 조절이 쉽지 않겠지만 도난이나 사고가 벌어질지도 모른다는 걱정 때문에 CCTV 앞에서 긴 시간을 보내는 일은 하지 말자.

대신, 걱정을 줄이고 컨디션 관리를 철저히 하자. 관리하는 사람의 상태에 따라 점포의 상태도 결정된다. 점주의 컨디션이 좋지 않으면 그게 점포 상태에 고스란히 반영되기 때문에 점포와 약간의 거리를 두며 컨디션을 잘 관리해야 한다. 1일 1관리의 원칙은 꾸준히 지키되 한 번 방문할 때마다 점포에 머무는 시간을 줄일 수 있도록 노력하자. 숙달되면 충분히 시간을 줄일 수 있다.

우리가 다른 사업이 아닌 '무인점포'를 선택했다는 사실을 잊지 말고 최소 시간 투입, 최대 수익을 창출하는 점포를 만들어야 한다.

단, 거리 두기는 홍보와 관리가 모두 철저하게 잘 이루어져 원하는 성과가 안정적으로 나오기 시작한 이후부터 해야 한다. 오픈 초부터 바로 거리 두기를 하면 수익도 당신과 거리를 두게 될 것이다.

내 점포
지키고 키우기

 필자는 인근에 이미 무인 아이스크림 할인점이 하나 있는데도 맞은편 상가에 출점 한 경험이 있다. 당신의 점포 인근에도 필자와 같은 생각을 가진 사람이 없다는 보장은 아무도 해주지 않는다. 경쟁점 입점에 대한 대비책을 항상 가지고 있어야 한다.
 인근에 무인 아이스크림 할인점이 있는데도 출점을 한 이유는 그 점포가 경쟁력을 상실했다고 판단했기 때문이다. 무인 아이스크림 할인점인 듯했지만 실제로는 유인으로 운영하는 점포였는데, 관리상태가 엉망이었다. 이렇게 관리를 소홀히 하면 경쟁점이 치고 들어올 기회를 제공하는 상황을 초래하게 된다.
 어떻게 하면 경쟁점이 비집고 들어올 작은 균열을 막을 수 있을까? 또, 경쟁점이 이미 들어왔다면 어떻게 대비를 해야 할까?

철저한 관리는 최선의 방어 수단

온갖 노력에도 불구하고 경쟁점이 같은 상권에 들어왔다면 적절한 수준에서 현명하게 대응해야 한다. 먼저 들어와 있던 점포로부터 대응을 받아 봤던 입장에서 생각해보면, 상대가 판매가를 대폭 인하하는 방법 등으로 과하게 대응했어도 사실상 우리 점포에 큰 타격을 입히지는 못했다.

결국 '기본'에 충실하는 것이 가장 현명한 대응이다. 초기에 철저한 분석을 통해 상권을 잘 파악하고 입점했다면 언제 어떤 경쟁점이 들어와도 위협이 되지 않는다. 흔들리지 않고 기존에 쌓아둔 이미지를 잘 지킨다면 매출을 빼앗기는 일은 발생하지 않는다.

만약 경쟁 점포가 오픈 이벤트를 진행하는 경우, 그 시기에는 우리 점포의 매출이 평소보다 덜 나올 수 있지만 기간이 정해져 있는 오픈 이벤트는 오래 지속되지 못하기 때문에 얼마 못 가 매출은 원상복구 될 것이다.

위기상황이라는 압박감에 오픈 이벤트 수준의 가격으로 맞대응 했다가는 기존 고객에게 '지금까지는 왜 이 가격에 팔지 않았지?'라는 의문을 품게 하며 역풍을 맞을 수 있으니 무대응으로 묵묵히

PART 5. '효과적인' 홍보와 '철저한' 관리로 점포를 성장시켜라

관리하며 제 갈 길을 가는 것이야말로 점포를 지키는 기본적이면서도 가장 강력한 방법이다.

방어 출점

매출을 경쟁 점포와 나눠 가질 바에는 아예 경쟁점이 입점하지 못하게 하여 매출을 지키는 방법도 있다. 점포가 위치한 상권의 규모가 크다면 인근 부동산 소장님과 친분 관계를 유지하여 인근에 임대 물건이 나왔을 때 빠르게 정보를 입수하여 경쟁점이 들어올 만한 곳에 방어 출점을 할 수 있다.

새로 나온 자리가 괜찮은 자리라는 점이 확실하면 망설이지 말고 공격적으로 출점해버리는 것이 좋다. 즉, 상권 안에서 무인 아이스크림 할인점을 포화상태로 만들어 버리는 것이다. 그렇게 되면 굳이 레드오션으로 뛰어들려는 사람이 생기지 않을 것이고 해당 상권은 오로지 나의 차지가 된다.

2호점, 3호점으로 점포 늘리기

경쟁점의 공격(?)으로부터 점포를 잘 지켜냈고 점포가 어느 정도 자리를 잡았다면 그간 쌓은 노하우로 점포를 하나둘 늘려보자. 하나도 힘든데 두 개는 두 배로 힘들지 않을까 염려될 수 있다. 하지만 점포 하나를 관리하는 데 드는 시간과 노력이 100이라면 점포를 두 개 관리한다고 200이 들지는 않는다.

오히려 점포 간에 상품을 순환시키는 여력을 갖게 되면서 효율적인 운영이 가능해진다. 이쪽 점포에서 잘 팔리지 않는 상품이 있거나 다른 쪽 점포에 부족한 상품이 있으면 점포 간에 물건을 이동시켜 효율적으로 판매할 수 있다. 또한, 필요한 소모품 등의 구매 규모가 커지면서 단가를 낮추어 구매할 수도 있다.

추가로 점포를 늘리기 위해서는 상권분석을 위한 시간과 노력을 한 번 더 들여야겠지만 해낼 수 있다는 자신감만 장착하면 문제없다.

점포관리 필수 체크리스트

NO	항목	확인	세부내용
1	냉동고 정상 온도 확인		제상중일 때를 제외하고 냉동고의 온도는 -21 ~ -23℃ 이하로 유지되어야 한다. 온도차가 크게(-17℃ 이상)날 경우에는 업체에 연락하여 조치를 받아야 한다.
2	키오스크 영수증 용지 확인		키오스크 내부에 영수증 용지 여분이 충분한지 확인하고 부족할 시에는 채워 넣어야 한다. 특히 금요일부터 주말, 공휴일에는 확인할 때마다 1/5 이상이 남아있도록 한다.
3	거스름 돈(잔돈) 확인		동전(100원권)과 지폐(1,000원권)가 보관함에 1/2 이상 남아있는지 확인하고 부족시 보충한다.
4	쇼핑봉투 채우기		쇼핑봉투는 매일 확인하여 부족한 만큼 보충한다.
5	상품 진열		상품 진열시 선입선출을 반드시 준수해야 한다.
6	냉동고 먼지 털기 / 바닥 먼지 쓸기		냉동고 위의 먼지와 벌레 등을 바닥으로 털어내고, 바닥에 있는 이물질 등을 쓸어낸다.
7	바닥 물걸레 청소		물걸레로 바닥에 묻은 아이스크림 얼룩 등을 깨끗이 제거한다.

NO	항목	확인	세부내용
8	평대, 수직 냉동고 유리 닦기		유리세정제를 사용하여 냉동고 유리와 출입문, 키오스크 화면에 묻은 지문, 아이스크림 얼룩 등을 깨끗이 닦는다.
9	출입문 얼룩 닦기		
10	키오스크 및 계산대 닦기		특히 키오스크를 닦을 때는 키오스크가 뒤로 넘어가지 않도록 한 손으로 뒷면을 지탱한 후 닦는다.
11	아이스크림 진열 정리		품목별로 모여 있도록 하고, 상품명이 위를 향하도록 정리한다. 정리하며 아이스크림을 살짝 눌러서 녹지 않았는지 확인한다.
12	빵 정리		유통기한 임박 상품을 앞쪽에 진열하고, 유통기한이 당일인 경우 해당 상품을 폐기한다.
13	음료수 정리		선입선출을 준수해야 하며 상품명이 앞을 향할 수 있도록 진열한다.
14	밀키트 정리 및 재고 확인		상품명이 잘 보일 수 있도록 전면배치하고, 재고가 기준수량보다 적은 경우 주문한다.
15	행사 매대 정리 및 재고 확인		
16	쓰레기 버리기		쓰레기를 발로 밟아 최대한 눌러서 사용하고, 90% 정도가 찼을 경우 분리수거장에 배출하고 새 종량제 봉투로 교체한다. 쓰레기통은 항상 청결하게 닦아준다.

※매장별 상황에 따라 달라질 수 있음

PART 5. '효과적인' 홍보와 '철저한' 관리로 점포를 성장시켜라

INSIGHT
프랜차이즈 무인창업 VS 개인 브랜드 무인창업

무인점포를 창업할 때 프랜차이즈 업체의 도움을 받을지, 개인 브랜드로 창업을 할지 고민하는 분들이 많다. 결론부터 말하자면 현재의 무인점포 시스템은 개인이 감당하기에도 크게 무리가 없는 수준이라 굳이 프랜차이즈 업체의 도움을 받을 필요는 없다고 생각한다.

그러나 창업이 처음이거나 정보가 충분치 않은 경우 막연한 두려움으로 인해 프랜차이즈 업체를 통하여 편하게 진행하고 싶은 분들이 많을 듯하다. 프랜차이즈 업체와 개인 브랜드 창업 사이에서 고민하는 분들을 위해 이번 파트에서는 두 방식의 장점과 단점을 정리해보았다.

지금은 무인점포의 춘추전국시대라고 해도 과언이 아니다. 하루가 멀다 하고 새로운 브랜드와 점포가 난립하는 시기이다. 이런 상황에서는 특정 브랜드가 엄청난 파워를 가지고 고객을 독점하지는 않기 때문에 모든 점포가 어느 정도 평등하게 운영된다.

만약 엄청난 브랜드 파워를 갖는 무인 프랜차이즈가 등장한다면 효율적인 물류시스템과 규모의 경제를 바탕으로 가격 경쟁력을 갖추었을 그 프랜차이즈를 선택하는 게 맞겠지만, 현재는 그런 브랜드가 없다. 특히나 식품을 취급하는 무인점포에서는 말이다.

식품 관련 무인점포 창업에는 특별히 전문 기술이 필요하지 않기 때문에 약간의 노력과 아이디어를 더하면 개인 브랜드로도 충분히 해낼 수 있다.

더구나 프랜차이즈도 땅을 파서 장사하는 건 아니다 보니 가맹점주가 절차 대행 비용을 부담해야 한다. 그래서 개인 브랜드 창업에 비해 투자 비용이 다소 크다고 느껴질 수밖에 없다. 세상에 공짜는 절대 없다.

개인 브랜드 창업이 낯설고 두려워 꼭 프랜차이즈를 해야겠다면 업체를 최소 세 군데는 비교해보자. 전화 한 통이면 담당 직원이 상담하러 달려올 테니 꼼꼼히 물어보고 비교해보자.

	프랜차이즈 무인창업	개인 브랜드 무인창업
장점	• 모든 오픈 절차를 대행해주어 편함 • 오픈에 필요한 시간이 절감됨 • 많이 노출된 브랜드일 경우 고객에게 친숙한 이미지를 가짐	• 점포 내부와 외부에 점주의 개성이나 아이디어를 반영하여 타 점포와 차별을 둘 수 있음 • 프랜차이즈 업체에 비해 투자 비용이 저렴함 • 추가 점포를 개점하는 경우 경험이 누적되어 더 발전된 형태의 점포를 추구할 수 있음
단점	• 투자비용의 부담 (프랜차이즈 업체 수익이 반영된 다소 높은 개점비용) • 프랜차이즈 특성상 점포 인테리어가 통일되어 있기 때문에 개성있고 차별화된 점포 개점이 제한됨	• 모든 절차를 본인이 직접해야 하는 번거로움(시간 과다 소요) • 첫 개점 시 시행착오로 인한 손해가 발생할 수 있음

PART 6

무인점포의
현재 그리고 미래

진화하는 무인 산업

점포를 운영하다보면 어느 순간 '이걸 언제까지 해야 할까?'라는 생각에 빠지게 된다. 이런 고민이 생기지 않는다면 당신은 매너리즘에 빠진 상태일 확률이 높다.

무인 산업은 상상 이상으로 빠르게 진화하고 있다. 그 변화와 속도를 느끼지 못하고 매달 꼬박꼬박 발생하는 수익에 만족하고 있다면 머지않아 도태될 것이다. 업계 동향과 트렌드에 대해 꾸준히 검색하고 내 점포에 적용할 부분이 있을지를 항상 생각해야만 처음에 가졌던 경쟁력을 잃지 않을 수 있다.

높아진 인건비와 비대면 거래 트렌드로 시장은 빠르게 변화하고 있다. 나날이 발전하고 있는 무인화 시스템을 우리 점포에 도입하여 더 강력하게 적용해 나가거나 시장에서 탈출하는 선택지 중 하나를 택해야 할 시기가 온다.

최첨단 시스템과 시설을 우리 점포에 적용하기 위해서는 자금적인 부담이 따른다. 하지만 고객이 기대하는 서비스가 있는데도 강 건너 불구경하듯 뒷짐만 지고 있는다면 고객은 더 나은 서비스를 경험하기 위해 우리 점포에서 등을 돌릴 것이다.

빠져나와야 할지 더 나아가야 할지 파악하지 못하고 갈팡질팡하는 사이 점포는 노후한 채 경쟁력을 잃어버린다. 초심을 유지하고 넓은 시야로 더 큰 세상을 맞이하기를 바란다.

이번 장에서는 진화하고 있는 무인점포의 현황과 무인점포의 진화 방향, 그리고 엑시트 방법에 대해서 알아보자.

무인점포의 현황

완전 자동결제 시스템의 도입

'아마존고Amazon Go'를 들어본 적이 있는가? 만약 이 이름을 처음 듣는다면 트렌드에 관심 없었던 태도를 반성하자. 아마존고는 2016년 12월 아마존에서 직원들을 대상으로 시험 운영하다가 2018년 1월에 대중에 공개된 무인 슈퍼마켓이다.

우리나라에서 무인창업 붐이 일어나기 시작한 2019년도보다 훨씬 이전부터 지구 반대편 기업에서는 완전한 무인 시스템 구축에 도전하고 있었던 것이다.

아마존고의 '저스트 워크 아웃Just Walk Out : 계산없이 물건을 들고 나가기

만하면 결제가 이뤄지는 자동 결제 기술'은 비전 AI와 무게 센서, 아마존 웹서비스 기반의 클라우드 POS판매정보관리시스템라는 첨단기술이 적용된 시스템을 의미한다. 분명 편리한 시스템이지만 비용 문제를 비롯하여 해결이 필요한 각종 문제로 인해 상용화되기까지는 많은 시간이 걸릴 것으로 예상된다.

마찬가지로 완전 자동결제 편의점을 개설하는 데에 기술적인 문제는 없지만 개설비용이 상당히 많이 들어가기 때문에, 저렴한 비용으로도 시스템을 갖출 수 있는 시기를 아직은 기다려야만 한다.

그렇다면 무인창업을 준비하는 우리에게는 오히려 잘된 일일지도 모른다. 아무런 걸림돌 없이 급진적인 기술 도입이 가능했다면 많은 돈이 들더라도 흐름을 따라야만 하기 때문이다.

출처 www.businessinsider.com

아마존의 저스트 워크 아웃 시스템은 분명 완성도 높은 기술이지만 '완전한' 무인점포라고 하기에는 점포 관리, 유통, 물류와 같은 어려운 문제들이 아직 해결되지 못한 채 큰 숙제로 남아있다. 시스템이 개발되고 상용화하기까지 시간이 걸릴 테니 우리는 트렌드와 기술 발전에 늘 관심을 두고 뒤처지지 않아야 한다. 업계와 관련한 뉴스를 빠짐없이 챙겨보자. 시간은 걸리겠지만 언젠가는 완전한 무인화가 될 것이다.

편의점 따라잡기

자판기는 무인판매의 시초라고 할 수 있다. 요즘은 눈에 잘 띄지 않는 커피 자판기부터 값비싼 아이스크림을 판매하는 자판기까지 다양한 자판기를 만날 수 있는데, 점포에서 주력 상품으로 판매하기 어려운 상품은 자판기를 통해 구색을 갖추고 매출을 늘릴 수단으로 활용할 수 있다.

무인 산업이 발전하듯 자판기의 기능 또한 발전하면서 대면 거래만 가능했던 상품의 무인 판매가 가능해졌다. 연령 확인이 필요한 주류나 담배가 대표적이다. 성인 여부를 직접 확인해야만 판매할 수 있었던 주류가 최근 규제샌드박스 승인을 받아 자판기를 통한 판매가 가능해졌기 때문이다.

무인점포에서 주류와 담배를 판매할 수 있다는 것은 편의점에서 판매하는 거의 모든 상품을 동일하게 취급할 수 있다는 의미이기도 하다. 이 점은 편의점 업계에서 우려할 만한 부분이기도 한데, 굳이 값이 비싼 편의점을 가야 할 이유가 없어지기 때문이다.

그러나 현재는 주류자판기와 담배자판기의 기계값이 1,000만 원에 달할 정도로 고가이기 때문에 쉽게 도입하기는 어렵다. 시간이 지나면서 기계값은 점차 낮아지겠지만 아직은 진입장벽이 높다. 점포 오픈 비용의 절반 가량을 자판기 한 대 가격으로 지출해야 하기 때문이다.

하지만 포기하기엔 이르다. 소상공인시장진흥공단에서 진행하는 '소상공인스마트상점 기술보급사업'이라는 제도의 도움을 받을 수 있기 때문이다. 소상공인이라면 누구나(업종제한이 있지만 다행히 무인창업은 해당된다) 지원이 가능한데, 무인 자판기(무인 주류자판기)도 지원 대상에 포함된다.

일반형과 선도형으로 나뉘는데, 일반형은 최대 500만 원, 선도형은 최대 1,500만 원을 지원받을 수 있다. 따라서 일반형 기준 자기부담금 200만~300만 원 정도면 주류자판기를 점포에 도입할 수 있다. 지원사업 평가라는 절차를 거쳐야 하지만, 예산이 소진될 때까지 신청을 받고 있으니 이 지원사업을 통해 조금이라도 수월하게 점포 경쟁력을 갖추는 데 도움받길 바란다.

'샵인샵'으로 무인에 무인을 더하다

최근 샵인샵shop in shop 컨셉으로 운영하는 일반 점포가 많이 생겼다. 샵인샵이란 한 점포 안에 또 다른 점포가 동시에 입점해 있는 형태를 말한다. 한 가지 아이템만으로는 경쟁력을 갖추기 어렵다 보니 트렌드에 맞추어 한 지붕 2 브랜드 혹은 3 브랜드 이상을 운영하기도 한다.

편의점을 중심으로 여러 시도가 이뤄지고 있다. 대표적으로 편의점 안에 은행이 입점하는 사례가 있다. 온라인 금융거래가 늘면서 영업점을 줄여나가고 있는 은행이 무인으로 은행 업무를 볼 수 있는 키오스크나 종합금융기기STM : Smart Teller Machine를 편의점에 들이는 것이다.

은행은 영업시간 외에도 고객에게 일부 금융 서비스를 제공할 수 있고 편의점은 은행 업무를 보러오는 고객이 자연스럽게 편의점으로 유입이 된다는 점에서 상부상조다. 그 밖에도 관공서 업무가 가능한 키오스크가 설치되는 경우도 있다.

이런 샵인샵 컨셉을 일반 식당에서도 적용해볼 수 있다. 식당에서 당일 소진하지 못한 재료로 밀키트를 만들어 영업시간 이후에 무인 판매하는 것이다. 이 방식으로 영업시간 후에도 추가 수입을 가져갈 수도 있다.

또한, 품은 조금 들어가지만 배달 앱으로 주문을 받고 원격으로

PART 6. 무인점포의 현재 그리고 미래

밀키트 보관함을 열어 배달 기사에게 전달하는 방식으로 운영시간 외에 추가 매출을 일으킬 수도 있다.

물론 이 방식은, '최소한의 시간을 투입하여 부수입을 발생시킨다'는 무인창업의 이점을 저버리는 것이지만 추가 수익을 창출시키는 방안이니 선택은 자신의 몫이다.

편의점에 도입된 종합금융기기(STM)   출처: 각각 하나은행, 신한은행

그밖에도 아이스크림 할인점에서 밀키트를 판매하거나 코인 빨래방에서 대기하는 고객들을 위해 주전부리를 판매하는 방법도 있다. 판매가 잘 안 되는 아이템을 걷어내고 점포에 필요한 서비스를 도입해 융통성있는 점포를 만들어야 한다. 소비자들은 항상 새로움을 추구하고 트렌드에 민감하다는 것을 명심하자. 등 돌린 소비자를 다시 되돌리는 건 여간 힘든 일이 아니다.

그밖의 진화

무인점포에 적용할 만한 기술은 계속 진화하고 있다. 안면인식, 가상현실(VR), 증강현실(AR), 드론, 스마트카트, RFID 등이 대표적이다. 안면인식기술을 활용하면 얼굴인식만으로 출입부터 결제까지 한 번에 해결할 수 있다. 일반적으로 사용하고 있지는 않지만 출입통제가 필요한 곳에 실제 사용 중인 기술이기에 일반 점포에도 충분히 도입 가능할 것으로 예상한다.

사람과 비슷한 AI 로봇이 오프라인 점포의 카운터를 지킨다거나 가상현실과 증강현실을 결합하여 점포에 직접 가지 않고 집에서 쇼핑을 하고 드론이 배송해주는 시대가 도래하는 것은 시간문제다.

오프라인 점포에서 사용하는 쇼핑카트에 물건을 담은 뒤에 계산대를 이용하지 않고도 결제를 할 수 있고 원하는 상품의 위치를 안내해주는 스마트카트도 등장했다. 최근 한 대형마트에서 이 스마트카트를 도입했는데, 아직은 일일이 상품 바코드를 찍어야 하는 번거로움이 있다. 추후 바코드 스캔 없이 물건을 담기만 해도 결제가 가능한 스마트카트, 스마트 장바구니도 나올 것이다.

위와 같은 기술들이 하나둘 상용화되어 가격 측면에서 부담이 없을 때 단계별로 적용하면 되는데, 그때마다 되도록이면 적극적으로 점포에 적용하자.

필자가 가장 기다리는 기술은 RFID인데 상품에 칩을 부착하여 결제하지 않은 상품이 점포 밖으로 유출되면 경보가 울리는 시스템이다. 대형마트에 가면 비교적 고가인 상품에 작은 칩이나 스티커가 붙어있는 걸 본 적이 있을 텐데 그것이 RFID 칩이 내장된 것이다. 이 기술을 활용하여 로스를 거의 완벽하게 방지할 수 있다.

현재는 주로 고가 상품에만 이 시스템을 사용하는 이유는 역시 가격 때문이다. 개발 초기에 비하면 많이 저렴해졌지만 저가 상품에까지 RFID 칩을 설치하면 그만큼 이윤이 낮아진다. 현재는 도입에 상당한 제한사항이 있지만 앞으로 가격은 더 저렴해질 것이고 RFID를 대체할 신기술이 나올지도 모른다.

기술이 고도화될수록 소비자의 삶은 편리하고 간결해진다. 기술의 종류와 시스템이 앞으로 어떻게 발전될지 지켜볼 필요가 있다.

엑시트 전략

GO? STOP? 타이밍 잡기

'고스톱'이라고도 부르는 화투 게임을 하다 보면 일정 점수에 다다랐을 때 계속 할지 그만 둘지를 결정해야 하는 시점이 온다. 유리한 상황이라면 게임을 이어서 진행하게 되는데 '고^{go}'를 여러 차례 거듭할수록 더 많은 고민과 부담이 생긴다. 승리하면 수익(?)이 몇 배로 커지지만 패하면 상대방의 점수까지 모두 물어줘야 하기 때문이다. 판을 잘 읽어서 위험 요소가 있을 때는 욕심부리지 말고 과감히 패를 내려놔야 한다.

무인점포도 마찬가지로 내·외부적인 상황을 면밀히 파악하고 전체 판을 두루 읽어야 패를 내려놓아야 할 시점을 정확히 판단할 수 있다.

외부적으로는 우리 점포 주변 상황은 어떤지, 경쟁점이 들어올 여지는 없는지, 무인점포의 트렌드는 어떻게 변화하고 있는지, 점포에 도입할 만한 새로운 아이템이 있는지, 사회적 이슈와 맞물려 점포가 입을 타격은 없는지, 있다면 방어할 방법은 무엇인지 등에 대해 꾸준히 생각해야 한다.

한편 내부적으로는 내방 고객이 원하는 상품은 무엇인지, 교체해야 할 설비는 없는지, 점포 내부에 활용할 만한 공간이 더 없는지, 효율적인 점포의 구조는 무엇일지, 매출 추세는 어떤지, 순수익에 영향을 미치는 요소는 무엇인지 등에 대해 파악해야 한다.

특히 수익과 연관된 부분은 더욱 정확하게 파악해야 한다. 매입과 매출, 점포 운영에 들어가는 고정비를 잘 기록해서 월별 수익 흐름을 읽어야 한다(성수기와 비수기가 뚜렷한 아이템일수록 시기별 수익 차를 줄이기 위한 노력이 필요하다).

매달 수익 정리를 하다 보면 우리 점포가 성장 중인지 정체기에 들어갔는지, 수익성이 떨어지고 있는지 등이 눈에 보일 텐데, 이 부분이 파악되었다면 계속 가야 할지 멈춰야 할지를 결정하기 위한 데이터는 충분히 마련된 것이다. 꾸준히 성장하고 있다면 새로운 시도를 이어나가며 주마가편走馬加鞭하면 된다.

수익은 발생하고 있지만 성장세가 완만해졌거나(정체기) 수익이 줄어드는 추세(하락기)에 있다면 운영을 지속하는 데 있어 고민을 깊게 해봐야 한다. 정체기나 하락기에 들어선 원인을 꼼꼼히 분석해보고 개선해 나가야 한다.

이 단계에서 도무지 원인을 찾기 어렵다면 점포 운영을 멈추는 것도 방법이 될 수 있다. 우리 인간은 가까이서 보면 보이지 않는 것이 해당 문제를 멀리서 보면 잘 보이는 경우가 있기 때문이다. 이때가 바로 패를 내려놓아야 할 시점인 것이다.

권리금으로 더 좋은 기회를 위한 종잣돈 만들기

앞서 언급했듯 점포를 영원히 운영하려는 생각보다는 더 나은 점포, 더 많은 수익을 안겨주는 점포를 만들기 위한 디딤돌(종잣돈을 만들거나 점포를 여러 개로 늘리는 등)로 활용하려는 계획을 세워야 한다. 그 과정에서 적절한 타이밍에 좋은 조건으로 점포를 정리하는 방향이 유리하게 작용할 수 있다.

수익이 많이 나는 점포라면 권리금을 받고 인계할 수 있다. 권리금은 정해진 계산법이 없어 부르는 게 곧 값이지만 일반적으로는 1년간 순수익과 소위 말하는 바닥권리금을 합한 금액이 된다.

초기에 들어간 인테리어 비용을 사용 연한으로 감가한 후, 남은 금액과 인계 시점의 재고금액에 연간 발생한 순수익을 더하고 최

PART 6. 무인점포의 현재 그리고 미래

> **작가의 꿀팁**
>
> 상가 권리금은 계산법이 정확히 정해진 것이 아니라 수요와 공급에 따라 오르내리며 시세가 변한다.
> 따라서 상가의 가치를 판단하기 위하여 다음 세 가지 요소를 파악하고, 이를 합한 값을 권리금으로 책정하는 것이 일반적이다.
>
> * 시설권리금
> 상가 인테리어, 설비, 집기, 상품 등 투입된 시설과 재고에 따른 권리금으로 양도 시점 기준으로 잔존가치를 계산한다.
>
> * 영업권리금
> 상가를 운영하며 확보된 고객이나 영업 노하우, 매출 등에 따른 권리금으로 연간 수익금이 가장 큰 영향을 주며 기준 수치가 된다.
>
> * 바닥권리금
> 역세권, 유동인구나 배후세대가 많은 지역 등 상가가 위치하고 있는 입지에 따라 형성되는 권리금으로, 상권에 이미 시세가 형성되어 있는 경우가 많다.

초 바닥권리금까지 더하면 통상적인 권리금이 나온다.

이 계산법이 누구나 받아들이는 계산법은 아니기 때문에 거래 당사자끼리 적절한 합의와 조정을 거치면 그것이 곧 권리금이 된다. 매출이 높은 점포라면 인수하고자 하는 사람(수요자)이 많기 때문에 권리금은 통상적인 금액보다 커질 확률이 높다.

인수하는 사람에게 객관적인 자료를 제시해야 깔끔한 거래가 이루어지기 때문에 세금계산서, 각종 영수증, 세금 신고자료 등을 정확히 확인시켜 주어야 한다. 남아있는 재고도 상호 확인하여 추후 오해가 생기지 않도록 문서로 남겨두자.

인수할 사람을 찾을 때는 보통 인근 부동산중개소에 상가를 내놓는 방식으로 하는데, 더 좋은 조건과 다수의 인수자를 만나기 위해서는 상가 매매 어플이나 인터넷 카페를 함께 이용해보자. 부동산중개소는 범위의 한계가 있기 때문에 어플이나 인터넷 커뮤니티를 함께 이용하면 더 좋은 조건으로 정리할 기회를 만들 수 있다.

앱스토어에서 '상가'로 검색하면 꽤 많은 어플이 나오니 다운로드 수가 많은 것을 설치하여 이용하면 된다. 인터넷 커뮤니티 중에는 대표적으로 가입자가 100만 명이 넘는 '아프니까 사장이다'라는 카페가 있다. 이런 커뮤니티를 잘 활용하여 내 점포를 잘 어필하면 보다 나은 조건으로 거래를 할 수 있다.

또한, 가까운 곳에서 우리 점포를 지켜봐왔을 같은 건물 상가 사장님들도 인수자 후보가 될 수 있다. 일반 사람들보다 우리 점포에 대한 정보가 많고 같은 상가 내에서 자기 점포를 운영하면서 약간의 시간만 더 쓰면 추가 수익을 볼 수 있다는 이점이 있다.

오랜 시간 얼굴을 익혀온 사이기 때문에 권리금을 냉철하게 부를 수 없다는 제한은 있지만 외부에서 오는 인수희망자들보다는 점포에 대한 신뢰도가 크기 때문에 오히려 강점이 될 수도 있다.

넥스트 스텝

합리적인 권리금을 받고 점포를 정리하여 종잣돈을 확보했다면 이제 무엇을 해야 할까?

이제 막 정리를 마친 그 점포가 당신의 첫 점포였다면 점포 크기부터 점포에서 발휘되는 능력, 투자 여력까지 거의 모든 영역에서 작은 규모였을 확률이 높다. 하지만 현재 우리는 점포의 시작과 끝을 모두 겪어본 노하우가 생긴 '전직' 사장이 되었으니 다음 단계는 좀 더 과감하게 도전할 수 있다.

10평대의 소규모 점포를 넘어 20평 이상의 준중형점포로 확장하자. 크기가 커지면 갖출 수 있는 서비스와 아이템이 많아지고 고객에게 쾌적한 공간을 제공할 수 있다. 점포를 운영하면서 아쉬웠던 점을 보완하고 아이템 수를 늘린다거나 공간 제약으로 인해 입고시키지 못했던 품목을 다양하게 갖출 수도 있다.

물론 첫 점포를 정리하면서 나온 보증금과 권리금을 합친 금액보다 투자금이 더 많이 필요할 수도 있다. 하지만 투자 규모가 커진 만큼 수익도 함께 커질 확률이 높다는 것을 명심하자. 지금까지 쌓인 경험을 토대로 좀 더 신중하면서도 과감하게 추진해 나가자.

만약 누군가 필자에게 어떤 아이템으로 규모를 키워 사업을 확장하고 싶은지 묻는다면 망설임 없이 '무인 편의점'이라고 답하겠다. 물론 현재의 무인 시스템은 판매만 무인으로 이루어지는 단계에 머물러 있다는 점에서 아쉽지만, 소비자 측면에서의 무인점포 구현은 지금도 충분히 가능하다.

비용 문제를 비롯한 여러가지 현실적인 문제로 인해 술과 담배까지 모두 무인판매가 가능한 점포는 몇 곳 되지 않는다는 것은,

어떻게 보면 아직 도전할 기회가 많다는 의미이기도 하다.

  상권을 보다 면밀하게 판단하여 지금과는 완전히 다른 규모로 갖출 수 있는 모든 상품을 판매해보고 싶다. 언젠가 편의점은 완벽한 무인화를 이룰 것이다. 유인으로 운영하던 점포는 무인화로 전환부터 해야 하는 숙제부터 해결해야 하지만 우리는 시작이 무인이었으니 시스템을 발전시키기만 하면 된다.

  대기업이나 자금이 넉넉한 회사가 모방도 추격도 할 수 없을 만큼의 초격차는 어렵더라도 그들보다 조금이라도 먼저 경험하고 하나라도 먼저 시작한다면 선두를 유지하게 할 작은 차이는 반드시 만들어 낼 수 있다.

  '무인 편의점(마트)'은 무인점포의 최종적인 형태가 되리라 예상한다. 즉, 물류, 진열, 계산까지 모든 것이 완전한 무인화로 이루어질 '무인화'의 종착역에 다다를 것이라고 생각한다. 따라서 다른 아이템보다는 무인 편의점을 선택하여 미리 고객을 맞을 준비를 했으면 한다. 빠르게 경험하고 고객이 무엇을 원하는지, 고객을 위해 어떤 서비스를 제공할 수 있는지를 선행 학습하는 것이다.

  어떤 아이템으로 무인점포를 시작하든 이 점을 한 번쯤은 꼭 생각해보길 바란다. 우리가 발을 들여놓을 이 업계의 최정점은 어떤 형태로 존재할지 말이다.

PART 6. 무인점포의 현재 그리고 미래

INSIGHT
부동산 투자로서의 무인점포

많은 사람들이 부동산 투자로 대박을 꿈꾼다. 월급만으로 큰돈을 모으기에는 너무나 많은 시간과 노력이 필요하기 때문이다. 최근에 생겨난 '벼락거지'라는 용어가 시사하듯 부동산 가치는 시대의 흐름을 타고 순식간에 상승하여 누군가에게는 든든한 부동산 자산이 되기도 하고, 또 누군가에게는 하루아침에 거지가 된 듯한 박탈감을 느끼게 하기도 한다.

혹시 우리가 지금 이야기하고 있는 무인점포를 부동산 투자로도 활용할 수 있을까? 결론부터 말하자면, 현재 상황처럼 코로나 사태로 인해 수많은 공실 상가가 쏟아져 나오면서 상가의 가치가 많이 떨어져 있는 상태라면 가능하다.

우선 상가를 임대받아 무인점포를 시작하여 일정 수준 이상의 수익을 거두어 상가의 가치를 올린다. 그다음 상가를 아예 매입한 뒤 내가 투자한 매매가격 이상을 받고 상가를 되파는 것이다. 쉽지 않은 여러 상황이 적절히 맞아떨어져야 가능하겠지만 노력하는 자에게 기회는 오기 마련이다.

아파트 상가 2층에 장기간 공실이던 큰 평수의 상가를 임대해 무인 스터디카페로 잘 꾸며 운영하다가 그 상가를 매입할 계획을 세웠다고 가정해보자.

장기 공실이었던 터라 상가 주인은 어떻게든 빨리 정리하고자 하는 마음이 클 테니 우리는 상대적으로 저렴한 가격에 상가를 매입할 수 있을 것이다.

일단 상가를 매입하면 당장은 대출이자 때문에 생각보다 임대료가 주던 부담과 별 차이가 없다고 느낄 수 있다. 하지만 지속적으로 매출데이터가 쌓여 상가의 가치가 충분히 상승하면 매입 당시 가격보다 훨씬 높은 가격으로 매도할 수 있게 된다.

코로나 사태가 영원히 우리를 괴롭히지는 않을 것이기 때문에 언젠가 상가의 가치는 회복될 것이고 이 사태가 오랫동안 지속된다 해도 안정적인 수익을 내는 매물은 많지 않기 때문에 그 사이에서 더욱 빛날 수도 있다.

먼저 임대로 시작하여 운영하고 매출을 만들어가면서 상가를 저렴하게 매입하는 전략을 잘 활용하면 점포에서 나오는 수익과 목돈을 만질 기회를 동시에 얻는 것이니 상가(부동산) 투자로서의 매력도 충분한 셈이다.

에필로그

평범한 98%에서 행동하는 2%로

지금까지 필자의 이야기를 들어주어 감사하다. 이제부터 중요한 것은 '실행력'일 것이다. 어떤 일이든 시작에는 두려움이 존재하기 마련이다. 그 두려움을 이겨낸 사람만이 달콤한 열매를 맛볼 기회를 얻고, 달콤한 열매를 맛본 사람만이 더 큰 도전, 더 큰 성공의 기회도 얻는다.

필자는 지극히 평범한 사람이다. 다만 다른 사람들과 한 가지 다른 점이 있다면 실패에 대한 두려움을 조금 덜 느낀다는 것이다.

생각해보면 지금까지 인생을 살며 새로운 도전을 거듭 해왔고 매번 큰 성공을 거두진 못했지만 도전을 통해 쌓인 작은 경험들이 든든하고 소중한 재산이 되었다. 큰 욕심을 부리지 말고 작은 성공의 경험을 쌓아라. 어떤 경험이든 인생의 교훈을 품고 있는 것은 분명하기 때문이다.

이 책을 끝까지 읽은 여러분은 생각만 하고 그치는 대부분의 사람이 되지 말고 일단 한번 해보는 실행력을 갖춘, 작은 성공을 쟁취하는 그런 부류에 속하길 바란다.

'행동하는 사람 2%가 행동하지 않는 사람 98%를 지배한다'라는 말을 참 좋아한다. 『정상에서 만납시다』라는 책을 쓴 '지그 지글러Zig Ziglar'라는 사람이 한 말이다. 그의 책 제목처럼 모든 분을 정상에서 뵐 수 있기를 진심으로 기원한다.